Christian
Schölnast

Warum
sih der Hansl
nit niedergsetzt hot

Christian
Schölnast

Warum sih der Hansl nit niedergsetzt hot

Geschichten
in oststeirischer
Mundart

Verlag Styria

Gedruckt mit Unterstützung
der Steiermärkischen Landesregierung

Printed in Austria
Umschlagbild: Erwin Klauber
Gesamtherstellung:
Druck- und Verlagshaus Styria, Graz
ISBN 3-222-10825-0

Inhalt

Vorwort

An guten Prosageschichten in Mundart herrscht kein Überfluß. Umso erfreulicher ist es, daß nun Christian Schölnast aus Riegersburg einen Band derartiger Erzählungen vorlegt.

Seine Lebensgeschichte ist weder aufregend noch ganz alltäglich. Geboren am 30. März 1904 als Sohn eines Maurerpoliers und „Berglers" in Aschbach bei Fürstenfeld, nach der Volksschule Lehrbub bei einem Handwerksmeister, der wie weiland Roseggers „Naz" mit ihm auf die Stör zieht, dann, nach mehrjähriger Selbständigkeit, die er krankheitshalber aufgeben muß, Bienenzüchter, Gemüseübernehmer, Bürgermeister und schließlich Soldat, betreibt er nun wieder die Imkerei und daneben eine kleine Landwirtschaft, deren Gebäude im Krieg zerstört wurden.

Als ehrenamtlicher Wanderlehrer der steirischen Imkergenossenschaft kam er auch in die entlegensten Gräben der Oststeiermark, wo er die Vielfalt des Wort- und Formenschatzes der Mundarten kennenlernte. Für seine Schreibweise aber, die dem Lautbild möglichst nahezukommen sucht, hält sich Schölnast vor allem an jene Ausdrücke, die in der gesamten Oststeiermark verwendet werden.

Die Erzählungen seiner Mutter, der Tochter eines noch unfreien Winzers bei einem adeligen Grundherrn, und eigene Lebenserfahrungen nennt er den „Schöpfbrunnen" für sein literarisches Schaffen. Es sind mehr oder minder bedeutsame, vorwiegend launige Ereignisse, die er aus diesem Brunnen heraufholt und mit bemerkenswertem Können gestaltet; dabei ersteht, wie von selbst, das Bild der oststeirischen Landschaft.

Einen „Loungfinger“ ereilt die rächende Nemesis, weil er „o’rutscht“; dem „Ruanschinder“ wird sein Aberglaube zum Verhängnis und einem „Rennfohrer“ die Prahlsucht; der „Flurl“ wiederum, schneckenhaft „gstad“, kommt gerade durch diese Eigenschaft zu doppelter Arbeit. Auf köstlichen Umwegen führt die „Ke’nscholnstroßn“ zur Überwindung sozialer Barrieren, und ein linkischer „Bittlmounn“ landet in der „Loahmgruabm“ statt bei seiner Schönen. Daß Verliebtheit sogar „a Stehwouchn“ eintragen kann, muß der Hansl der Titelgeschichte an sich erfahren.

Wer nicht maßzuhalten versteht beim „Hounigschleckn“, wie „da Martl va der kolt Feichtn“, zahlt ordentlich Lehrgeld; dem „Stindl“ andererseits bringt es auch keinen Gewinn, daß er seine „Trotschmühl“ still- und „’s Oufntürlmoß“ festhält.

Das ehrsame Schusterhandwerk von anno dazumal wird in einem folgenschweren „Aprilwetter“ lebendig, und „A holtbors Schuahwerk“ erweist überdies die Genügsamkeit früherer Generationen. „D’ Silbervögel“ hingegen fliegen mit dem Leser in die Zeit des Zweiten Weltkrieges, und zu allerletzt wird ein moderner Mercedes einer Berglerfamilie zum Schicksal.

Unter den seltsamen Käuzen, die — neben manch versunkenem Brauchtum — in Schölnasts Geschichten begegnen, sticht der gutmütige „intere Hansl“ mit seiner charakteristischen Redewendung „Is mir niggs load drum“ hervor, und wer an ursprünglicher bäuerlicher Sprechweise und schlichter Fabulierfreude Gefallen findet, wird gewiß auch nach der Lektüre dieser Erzählungen zu dem Schluß kommen: „Is mir niggs load drum!“ *Dr. Heinrich Uray*

Warum sih der Hansl nit niedergsetzt hot

In letztn Johr van erschtn Weltkria' is sougor ba die Bauern und größern Bergler die Koust schua schmol gwordn, wal die Requirierer olls weggführt hobm, wos nit guat versteckt is gwesn, und mir Kloahäuslerkinder hobm froh sei miaßn, wenn ma brotne Kestn oder 'n Griaßnigl kriagt hobm.

Za selbm Zeit is ah vül gstuhln gwordn ba ins dahoam. D' Erdkestn und die Bouhnln san schua af 'n Feld verschwundn, und ouft is a Kaibl oder 's letzte Farl van Stoll ausaghult und in d' Stodt eini verhamstert gwordn.

Mei Voter wor Aufsichtsjager, und ols a sulcher — obwuhl er krounk wor — d' Schendarm ols Helfer zuatalt.

Die nouh brauchborn Patrounenhülsn hot er immer selber mit neugn Lodungen gfüllt. I houn iahm ols Kind dabei helfn derfn. In die weißn Hülsn hot er Schrotkugln einigebm und in die rotn kloa zsoummgschnittne Sauborschtn. Die rotn Patrounen tat er ba sein Jogdgwihr in 'n linkn Lauf eini, und wenn a Diab oder Einbrecher davoulafat, tat er iahm sou a Lodung Sauborschtn hintn af d' Haxn brennen, hot er gmoant. Damit tat er sou 'n Ausreißer nit gor sou org wundschiaßn, ober die Sauborschtn tatn nocha oazeln ausagschwärn. Dos tat juckn und brennen, und der Oungschoußne war nocha oa Wouchn krump. Af die Oat hätt er schua mounchn Flurdiabn überführn kinnen, va den ma nit denkt hätt, daß er schua sou weit obakemmen is.

Wenn er in Lebnsgfohr war, der Voter, hot er gsogt, tat

er mit 'n rechtn Lauf schiaßn, wou er die großn Schrotkugln drei' hätt.

Knopp bevor der Kria' aus is gwordn, is mei Voter gstorbm. D' Muatter wor hiatz mit meiner elf Johr ältern Schwester, an kloan Schwesterl und mir alloa in der Oaschicht. Wal sie sih in der gfahrlichn Zeit mit der Kloan nit hot z' bleibm traut, houn i ah miaßn in ihrer Stubm schlofn. Ah der Hund is in der Nocht immer ounghängt gwordn, daß er nit davoulafn hot kinnen und 's Haus sicher bewocht hot.

In oaner Soumstinocht hot mih d' Muatter gweckt. Der Hund hot kollt und gmeldt, sou daß ma sicher gwißt hot, es is wer um 's Haus oder schua drei' in gschloussnen Houf. D' Muatter is mittn in der Stubm gstoundn, sie hot 'n gounzn Körper zittert und zan reahrn ounghebt. „Wos we'dn ma essn", hot s' olliwal gjammert, „wenn s' ins dos bisserl Mehl oder 's Schmolz van Dochboudn obastehln? Oder gor a Farl ausanehmen, oder die Kuah und 's Kaibl wegtreibm?"

Schaungeih' hot sih d' Muatter nit traut, und i houn mih ah gfiacht. Do san mir die rotn Patrounen in Votern sei' Jogdtoschn eingfolln. I houn 's Gwihr van Nogl gnoummen, oane davou 'n linkn Lauf einigsteckt und 'n Houh' gspounnt. Wia i nocha, schua a bisserl schneidiger, 's Fenster houn aufgrissn, houn i gsechn, wia a lounge Gstolt zwischn die Oubstbam verschwindn wüll.

Wia hot mei Voter immer gsogt? „Kimmel, Korn und holbes Wild" — und schua hot 's krocht.

Der Hund hot sih glei drauf glegt, und es is wieder stüll gwordn um 's Haus, olls wenn niggs gwesn war.

Wia mih d' Muatter in der Friah aufgweckt hot, hot s' mih fleißi gloubt, wal i 'n Diab rechtzeiti verjogt hätt. Die Koummer war nit aufbrouchn gwordn, af 'n Dochboudn war ah niamd oubm gwesn; d' Farln warn oll do, d' Hiahner hätt s' zählt, und d' Viecha warn ah in Stoll.

Für mih hot die Freud ober nit loung dauert. Wia i sunntis drauf ba meine Schulkoumerodn af' n Dorfplotz gstoundn bin, is der lounge Hansl recht krump za mir zuwaghumpelt, hot mih ban Irml af d' Seitn zougn, hot gsogt: „I wir' dir mochn ausischiaßn ban Fenster!", und nocha hot er mir af die linke Gsichtshälftn wos aufglegt, dos i loung nochi wohrtoun houn. I houn gschimpft und greahrt, wos ausagoungen is.

Zerscht san die Schulerbuabm und nocha ah die „großn" – dos hoaßt die Buabm zwischen vierzehn und ochtzehn Johr (d' ältern san jo ban Militär gwesn) – za mir zuwakemmen und hobm gfrogt, warum mih der Hansl gschlogn hätt. I houn 's jo nit gwißt. Wal ober der Hansl gsogt hot, wegn 'n „Ausischiaßn", houn i dazöhlt, daß i vor oa Wouchn mit a Lodung Sauborschtn aus 'n Votern sein Jogdgwihr 'n Diab verjogt hätt.

Do hot 's Theater oungfoungt: „Hiatz wiss' ma 's, warum du dih nit niedergsetzt host die gounz Wouchn, jo sougor ban Essn gstoundn bist", hobm s' 'n Hansl oll zuagschrian. „Du host gsogt, 'n Oas hättst, dabei host 'n Schuß Sauborschtn einikriagt 'n Hintern, wias d' host wölln fensterln geih' za der Nannerl."

Dahoam hot mih d' Muatter gfrogt, wos i hätt, wal i sou vareahrt und af der linkn Seitn gschwuln war.

Wia i 's gsogt houn, is d' Schwester rot gwordn wia a Krebs, und wia i van Brunn mit 'n Wosser zruckkemmen bin, hot d' Nannerl ah verwoante Augn ghobt.

Am Noumitto, dawal d' Muatter mit der Kloan a weitschichtige Nochborin aufgsuacht hot, hot sie nocha dos af der rechtn Seitn wiederhult, wos der Hansl af der linkn toun hot. Wal i s' verrotn hätt, hot s' gsogt, d' Schwester.

Glei drauf hot s' mir ober a Zuckerl gebm, dafür derft i 's der Muatter nit sogn, daß sie mih ah gschlogn hätt. Wia sull sih a kloaner Bua do auskennen?

Wal 's ober af der rechtn Seitn ba weitn nit souvül brennt hot wia af der linkn, bin i af den Houndl eingoungen.

Sou bin i für mein erschtn Büchsenschuß recht org gstroft gwordn, und 'n loungen Hansl hot er a „Stehwouchn" einbrocht.

Mei Schwoger is er nit gwordn.

Zwei' Maurer und a holbs Dutzend Sauschädl

„Zuarichtn“ sogn ba ins d' Leut, wenns ba ihrn Haus 'n Stouck draufbaun, a Stubm zuwimochn, 'n Stoll verbessern oder a Hüttn aufstelln. Der Ausdruck „Zuarichtn“ stommt nou va der Zeit, wia s' zerscht in 'n Hulzschlog goungen san, Stöck grobn, wenn s' ba ihre Loahmhäuser wos neu mochn hobn wulln. D' Stöck hobn s' nocha klobn und auf den Plotz gführt, wo später die Ziagl san gschlogn wordn. Worn die brennt, ausgschiebn und zuwigricht, hot 's Bauhulz miaßn ausghockt und hergführt werdn. Und sou is immer an etli Johr hergoungen, bis s' ols banounder hobn ghobt und nocha zan O'reißn und Aufmauern san kemmen.

Ban Essensochn is gleich gwesn. Die Bergler hobn miaßn mehr Ke'ndl in d' Mühl führn, wenn s' Houndwerker hobn aufnehmen wulln, und a um oa Farl mehr o'stechn, wal 's Fleisch immer in Winter is gricht und gsölcht gwordn, dawal 's dos Eingfriaßn nouh nit gebm hot.

Wenn ah in der neueren Zeit schon ols, wos ma braucht, fix und firti zuagstellt wird, is dos Zuarichtn, wos die Koust ongeht, ah heut nou notwendi, wal bei jedn Bergler weniger Leut ba der Wirtschoft san und ah weniger Mehl, Fleisch und Schmolz ban Haus is wia eh amol. Destwegn muaß ah heut nou mehr virgricht werdn, wenn Houndwerker oder Hülfsorbater zan Tisch kemmen.

Sou wor 's ah ban Ofner: Der Stoll und die Fuatterkommer san zan Herrichten gwesn. Und wal die drei Grobnbauern, der Ofner, der Greitmichl und der Feichtner, holt in 'n gonz oaschichtign Kessl drei' gsessn san, hobm s' nouh kuan urdentlin Weg ghobt zuwi und longmächti braucht, bis olls banounder ghobt hobm, obwuhl s', wia immer, oll drei zsoummgholtn hobm.

Wia 's nocha zan Onfongen is gwesn, hot d' Ofnerin gsogt zan Maurermoasta, wie er mit 'n Plan kemmen is: „Mehr wia zwei' Maurer derfst ins nit schickn, und Zuaroacher brauch ma gor koan. Oa Wochn roacht insa Voter zua, oane der Greitmichl und oft der Feichtner; so wechseln s' holt ob. Und nou wos: Kousthoagli derfn s' nit sein, d' Maurer. Ba ins in der Oaschicht wird nit sou fein daherkoucht wia daußt ba die Bürger. Jo und oft, daß i nit vergiß: Wia loung werdn s' 'n Orbat hobn, die zwei' Maurer?"

Der Moasta hot recht sochli gsogt dazua, er tat schua die richtign Maurer schickn, und wenn glei zwei' kemmen derftn, miaßtn s' schua a fünf Wochn fest dazuaschaun, bis va olln firti warn.

D' Nochborn und ihre Weiber, die ba derer Aussproch grod z'weg san gwesn, hobn a weni gschmunzlt und gmoant, sie tatn oll fest mitwirkn, daß die teuern Maurer jo recht bold wieder ausikemmatn va ihrn Grobm.

Nouch oana Wochn hobn s' ban Moasta dazöhlt, d' Maurer: „D' Orbat geht schleuni weiter, oll, sogor d' Weiber, helfn mit. Nit niederbiagn brauch ma ins, sou kamout richtn s' ins olls zuwa; oba – die Koust gfollt ins nit."

„Die Koust?" frogt der Moasta. „Wos gibt 's denn?"

„In der Friah Mülch, Butter und Brot, ba der Neunijausn Brot und Kas, und zu Mitto und am Obnd Kraut mit Sauschädl."

„Kinnts enk nit onessn?" frogt der Moasta noumol schua recht hanti. „Wuhl, wuhl, mir können va olln essn, souvül ma mögn, der Trunk is ah guat, ober Sauschädlfleisch, olliwal Sauschädl . . ."

„Zan Dunnerwetter!“ schreit hiatz der Moasta dazwischn. „Wia i bin Gsell gwesn, hot ma ouft in der gounzn Wouchn niggs gsechn wia Knouflsuppn und Griaßnigl, und dös schimpfts nou, wenns zwoamol Fleisch kriagts in Tog. Wou steht ’n gschriebn, daß a Maurer koan Sauschädl essen derf? Schauts holt dazua, daß firti werds, wenn enk ’s Fleisch nit paßt. Ober sogs jo niggs za’ Bäuerin, sist mochts ma d’ Leut nou o’trinni. Muaß ma eh schua fost bettln geih’ um a Orbat, wenn ma nou a poor Mandln beschäftign wüll.“

Sou hobn s’ holt ah am Mounti schei’ still sei’ und a schöns Gsicht mochn miaßn, d’ Maurer, wia iahna wieder is Schädlfleisch virgsetzt gwordn.

Wia die zweit Wochn um wor, hot d’ Ofnerin za ihre Nochborn gsogt: „Wenn d’ Maurer sou zuaorbatn, san ma auf d’ Wochn firti.“

Drauf der Greitmichl, der der Schlaueri und immer ah der Wortführer is gwesn, wenn an ihrn Winkl drei’ wos ounzgeih’ wor: „Jo, jo, hiatz siachst as. Glaubst ma ’s schua, Ofnerin? Dos mocht der ‚Wirkstoff‘, der in die Sauschädl drei’ is.“

„Geh, Michl, du mochst dir aus olln ’n Gspoaß“, trumpft die Bäuerin ’n Nochborn obi.

Mittn in der drittn Wochn hobn s’ richti schua Leikauf gmocht, za den ah der Moasta is einglodn wordn.

Do hot ’s nocha Bochhendln, Brotn, Schnitzl, Kropfn und Wein gebn, daß sih fost der Tisch hot bougn.

Wia oll schua a weni guat aufglegt worn, hot der Moasta d’ Ofnerin schei’ höfli gfrogt: „Wievül Sau hobts ’n in Winter o’gstochn?“

„Zwoa“, hot die Bäuerin ehrli gsogt.

„Und wievül Schädl hobn nocha die zwoa Sau ghobt?“ frogt er weiter und locht.

„Ah nit mehr wia die Säu van Greitmichl und van Feichtner, va die jeder ah zwoa o'gstochn hot. Und wal ma do a der Oanschicht ban Zuarichtn immer oll drei zsoummholtn, hobn s' holt d' Sauschädl ah hergebn für d' Maurer", locht hiatz d' Ofnerin. Sie hot ah Grund ghobt zan Lochn, wal 'n Michl sei Vorschlog zwoa guate Seitn hot ghobt: Oll drei hobn s' ihre Sauschädl wegbrocht, die ba iahna eh niamd hot essn wulln, und obndrauf san s' van Stollbaun, zwegn den Sauschädlfleisch, in der holbn Zeit firti gwordn.

„Dos hot der ‚Wirkstoff' gmocht", ruaft hiatz der Greitmichl dazwischn, und: „Der Wirkstoff sull lebm!" schrein s' oll und stürzn die Glasln über.

Und nocha worn ah d' Maurer wieder guat . . .

O'grutscht

Grod ins Gsicht oder in d' Augn gschaut hot er niamd, wenn er mit d' Leut gredt hot, der Wastl; entweder hot er dabei zan Boudn gschaut oder sist wouhin af 'n Gegenstound.

's schlechte Gwissn wird 's holt gwesn sei', dos iahm druckt hot, wal 's weni Bergler gebm hot af die Hügl umadum, va die er nit wos zan verhoamlichn hot ghobt.

Er is sist recht kurz gwochsn gwesn, hot ah recht freundli toun und immer a Gsicht gmocht, ols wenn er koa Wosser kinnt triabi mochn; ober d' Finger worn a weni z' loung. A Geld hot er niamd gstuhln, ah ninascht einbrouchn; na, dos nit. Ober wenn er va seine aufgstrahtn Felder is hoamgoungen, und er hot gsechn, daß wou af der Oumniwoundn a gschloumperter Bergler oder sei' Knecht a Hau', an Rechn oder sist a Werkzeug hot liegn lossn, do hot er dos Zeugl af d' Ochsl gnoummen und mithoamtrogn. Und is er am Obnd wou ba 'n Stodl vabeigoungen, ba den a Fuhrwogn gstoundn is, do hot er denkt:

„Nur den wird die Kettn van Wogn gstuhln,
der obnds z' faul is, sie ins Haus z' huln",

hot s' obagnoummen und umghängt.

Loung san die Bergler nit dahinterkemmen, wer der Werkzeugmoder is in der Gegnd. Wia der Wastl ober oamol af 'n Woldweg ba 'n Blouchhaufn vabeigoungen is, is vorn nebn a Sapl gloahnt. Er hot 'n gschultert und is damit weitergoungen . . ., bis der Bergler, der hintern Blouchstapl ba der Jausn gsessn is, gschrian hot: „He! Wastl, loß do mein Sapl, i brauch 'n nocha wieder." Va der Zeit oun hot sa sih umadumgredt, wer der Loungfinger is.

Wia iahm bold danoch a Nochborin dabei dawischt hot, wia er in sein Hof drei' mit 'n Knüppl ihr Henn hot wölln daschlogn, die sih dout eini verlafn wor, hobn d' Leut gwißt, daß dos ah koa Fuchs is, der sih ba die Berglerhäuser hie und do amol 'n jungen Houh' oder a Antn hult.

Oast is er in 'n Sunntinoumitto a poar Hügl weiter weg ba 'n Buschnschounk gsessn. Der Wein hot iahm gschmeckt, und sou is schua bold Mitternocht gwordn, wia er nouch 'n neugn Güterweg a weni kniawoach hoamzuagstiegn is.

Wia er ban Fosch-Michl hintern Stoll vabeigeht, siacht er, daß intern Vorbau nebn der Fuatterkoummer bis zan Dochstuhl aufi Hosnstall einibaut san.

Sakra, do hot 's gschmeckt va die Stollhosn! Sou a Bratl war nit schlecht, hot er sih denkt und nouchanounder einigschaut ba die Türln; ober ninascht wor wos drei'. Do hot er wohrgnoummen, daß die intern Steigerln, die er gloungt hot, laar san, ba die oubern ober durch die Gatter überoll die Köpf va die Stollhosn zan gsechn worn.

Wia sull er ouhne Loater aufikemmen? Er schaut a weni umadum und gsiacht 'n Schubkorrn vor der Koummertür steih'. Sou 'n Korrn kounn ma, hochgstellt, ols Loater benutzn. Er stellt 'n auf und steigt aufi; vergißt ober af 's Interlegn ban Radl.

Wia er schua oa Türl ouffn hot und just um 'n Hosn greifn will, rullt der Korrn weg, der Wastl bleibt mit oan Housnbiagl ba der Eisnstützn hängen, und mit quietschi-quietschi, quietschi-quietschi gehts übern Weg übri und lusti obi nouch der Gstettn.

Teigl eini, dos geht schnell, olliwal schneller wird die

Rutschpartie! Gach krocht a Zaun, und plumps, der Korrn steckt mitsoumt 'n Wastl drei' in der Mistgruabm.

Er steht wuhl guat die Hälfte ausa, ah der Wastl is glei bis za da Brust drei' in der Mistsuppn, ober d' Housn hängt nou olliwal fest drou ba der Stützn. Der Wastl ziacht und reißt, es hilft niggs; d' Housn holt. Mit d' Händ kounn er ah nit obigloungen zan Lousmochn, wal er in der Jauchn nit intertauchn will. Er hot ah nit loung Zeit zan Umbandln, wal der quietschati Korrn 'n Fosch-Michl aufgweckt hot und in gounzn Haus 's Liacht aufblitzt.

Do bleibt iahm niggs ounders über, ols d' Schnolln aufmochn, die Troger o'knöpfeln und ouhne Housn 's Weite suachn.

Wia s' am oundern Tog ban Fosch-Michl 'n Schubkorrn va der Mistlockn ausazougn hobm, is a Housn ghängt drou, die s' nocha, wia s' 'n Schloumm weggschwemmt hobm, glei dakennt, in a Plastiksackl einpockt und 'n Wastl zuagschickt hobm.

Va den Tog oun is af die Berg umadum nia mehr a Henn, a Antn oder a Stollhos verlurgoungen und ah koa Werkzeug mehr verschwundn.

Is mir niggs load drum

Just am gleichn Tog is er kemmen, der Storch, ba die zwei' Oaschichtbergler oubm af 'n Rehkougl, und jedn hot er 'n Buabm brocht.

Wal der intere, der größere Bsitzer, 'n Oanspanner und a Steirerwagl hot ghobt, hot er den Stoummholter van ouberen, mit 'n kleaneren Häusl, ah mitgnoummen za' Tauf, und zruckbrocht hot er zwei' Hansln; wal 's holt grod ban Kolender sou paßt hot.

Wia s' nocha zan Impfn san gwesn, die kloan Buabm, hot ah wieder der intere Bergler eingspounnt. Ah 's Kinderhiatn hot die Ahnl van interen für oll zwei' Buaberln übernoummen, bis richti af d' Fiaß kemmen san und schließli 'n Schulrounzn umghängt hobm; dafür is am erschtn Schultog die oubere Häuslerin zan Einschreibm mitgoungen.

Sou san die zwei' Hansln schua ols Kinder zsoummgweihnt gwordn, und der intere, der vül zorter und feinfühliger wor, is ghängt am ouberen wia a Klettn ban Housnbiagl. Hot der oubere Hansl, der vül mehr Spitzbua is gwesn, van Lehrer mit 'n Rohrstaberl wos hintn aufikriagt, is ban interen ah 's Häferl brouchn, und hot der Bua van ouberen Häusler nouch der Schul miaßn dobleibm, is der Bua van interen Bergler ah nit hoamgoungen. Wia nocha in der drittn Klass' der Hansl van Häusler gor sitznbliebm is, is der Hansl van Bergler ah nit aufizbringen gwesn in die vierte.

Jo, es hot ausgschaut, ols warn die zwei' Hansln die ollerbestn Freund; ober bakloa is die Freundschaft oanseitig gwordn. Wia s' älter san gwesn, is nämli der oubere Hansl, der mehr in d' Läng gwochsn und recht schlau und hinterlisti gwordn is, draufkemmen, daß er van recht guatmiatign kloan Hansl, wia s' den interen gnennt hobm, olls kriagn kounn, wos er wölln hot. Hot der intere Hansl a besseres Spülzeug ghobt, dos s' ban ouberen Kloahäusler nit kafn hobm mögn, hot der oubere glei sogn brauchn: „Souwos möcht i ah", hot er 's iahm gebm. Do hot er nocha ollimol gsogt, der kloane Hansl van größern Bergler: „Kounnst schua hobm, is mir niggs load drum."

Der kloane Hansl is später a gschickter Bastler gwordn und hot sih mounchs Hausgrafl, Werkzeug oder Möblstückl selber gmocht, derwal der lounge Hansl den Schürzln nochgrennt is oder niggs toun hot; ober kam wor a Stückl firti, hot er 's iahm gebm miaßn.

„Kounnst schua hobm, is mir niggs load drum", hot er ollimol gsogt, der Kloane, und hot sih 's gleiche Stückl nouamol gmocht.

Sou hot sih dos Schmaroutzn durch die gounze Buabmzeit dahinzougn. Der lounge Hansl is bold, wia oll die Leut, die nit gern orbatn, a weni af die schiefe Bouhn obigrutscht und hot öfter mit die Schendarm und mit 'n Gricht z' tuan ghobt.

Ober der kloane Hansl hot deswegn und ah später, wia er schua verheirat' und Bsitzer is gwesn, d' Freundschoft nit aufgebm, oubwuhl iahm in Haus und af 'n Feld ouft wos verlurgoungen is.

Oast is an 'n Sunnti in der Friah 'n Loungen sei Steckn intern o'glaartn Marillnbam van interen Bergler glegn. Selm hot er wuhl a weni sauer gschaut, der Kloane; ober, wia er iahm 'n Steckn wieder zruckgebm hot — den er ehnda selber gmocht und zrechtgschnitzt hot —, hot er erscht wieder guatmiati gsogt: „San zwor wuhl die erschtn Marilln gwesn va den Bam, den i schua selber gsetzt houn, ober kounnst s' schua hobm, is mir niggs load drum."

Bold danoch is 'n ouberen Hansl sei' Muatter gstorbm, und d' Fani, die junge Frau van interen, hot oubm a poar Tog aushelfn miaßn. Ober ounstott, daß er s' wieder zruckobagschickt hätt, hot er gsogt, der oubere, zan interen: „D' Fani moant, sie möcht liaber oubm bleibm ba mir."

Zerscht hot er große Augn gmocht, der intere Hansl, nocha hot er a weni gschmunzlt, und oft hot er feierli ausgsprouchn:

„Kounnst schua hobm, is mir niggs load drum!"

Gor z' eifri is ah nit guat

Spothirscht is: Der Labwold wird liachter, der Reif hot d' letztn Bliamln verbrennt, d' Hächer vergrobm nouh Türkischwoazke'n in der Streu, und d' Mäus suachn ah ihr Winterquartier auf.

D' Leut san ban Feldero'ramen, ban Mistführn und ban Virbaun, und der Grobmmichl mocht grod ba seine Beinlstöck d' Mausschutzgatter zuwi za d' Fluglöcher. Wal s' iahm intertogs, wia nou d' Sunn gscheint hot, ihrn Stochl gor z' ouft zoagt hobm, die Beinl, geht er am Obnd nouamol dazua. Gach wird 's finster um die Zeit, und deswegn ruaft er um sein Buabm, er sull mit der Toschnloumpn kemmen, a weni leuchtn.

Der Bua tuat, wia iahm ghoaßn is, und dabei springt der elektrische Finger van Liachtstrohl ba die Woldbam ouber der Hüttn va oan Ost zan oundern.

Za selbm Zeit geht int af 'n Weg der junge, nou gounz neubockene Aufsichtsjager vabei. Dos Umaleuchtn oubm af die großn Buachn is iahm nit gounz richti virkemmen; a Wal hot er 'n Liachtspül zuagschaut, nocha hot er sih, wia 's sih für 'n gschultn Jager ghört, lautlous zuwipirscht za der Beinlhüttn. Gwihr hot er ober kuas ba iahm ghobt.

Wia iahm der Michl bemirkt, amol ounleucht und dakennt, schmunzelt er a weni schodnfroh, nocha schiabt er sei Hiatl spitzbiabisch af d' Seitn umi und steckt gschwind seine Mausschutzgatter ein, die er grod in der Hound hot.

„Wos mochst 'n do?“ schreit iahm der Luisl oun.

„Wos i do moch?“ sogt drauf der Michl und locht. „Wenn du 's 'n oltn Schweinzer, 'n Aufsichtsjager, nit sogst, wüll i dir schua verrotn, wos i ban Wülln houn.“ Dabei tuat er sou, ols wenn er 's wirkli nou nit wissert, daß der Luisl 'n oltn Schweinzer ols Aufsichtsjager o'glöst hot.

Der junge Jager is einwendi vuller Freud, und sei Herz pumpert va lauter Aufregung, wal er sih hoamli denkt, hiatz geht iahm a auspickter Wilderer af 'n Leim. Zan Michl sogt er recht ensthafti: „Na, na, i sog schua niggs 'n Schweinzer, verrot mirs na, wos d' ban Wülln host.“

„Na, nit? Wenn i gwiß droun bin, daß d' mih nit verrotst ban Aufsichtsjager, wüll i dir 's schua sogn“, foungt hiatz der Michl oun. „Woaßt, heut, wia 's dunkl is gwordn, hobm sih vül Fasounen aufbamt do ban Woldround, wal der Türkischwoazocker do nebm nouh nit o'gramt is. Hiatz san ma, der Bua und i – der Bua siacht besser –, mit der Toschnloumpn aufagoungen, damit i mir d' Äst mirkn kounn, af die s' sitzn; nocha find i s' um Mitternocht, wenn 's schua recht nebli und gounz finster is, vül leichter.“

„Wos mochst 'n nocha?“ frogt hiatz der Jager recht neugieri.

„Nocha moch i ba meiner Bamschar, mit der s' ehamol d' Raupnnester hobm obagschnittn va die Oubstbam, dawal 's dos Spritzn nouh nit gebm hot, a lounge Stoungen oun, fadl a Schnur eini ba oan Biagl, woaßt eh, wia ma dos mocht, und nocha hul i mir s' holt oba damit nouchanounder, d' Fasounen.“

„Streichn s' nit oh, wenns d' mit der Bamschar zuwikimmst?“ frogt der junge Jager.

„Na, na, dos geht guat. Af die Oat hot s' schua mei Voter obaghult va die Bam; ma derf holt nit ounsteßn mit der Bamschar ba d' Fasounen, daß ma s' nit daschreckt. Wos glaubst 'n, es war dou gor nit zan sein do herinnen in insern Grobm, wou s' sist a Ruah hobm, va lauter sölche Vögl, wenn ma s' nit af die Oat a weni niederholtn tat", trumpft der Michl nouh drauf.

Die gounze Nocht hot ban Grobmmichl der Hund kollt und grissn ba der Kettn. Wia 'n der Bauer dou amol lousloßt und schaun geht, af wenn er drauf is, kriacht der Luisl just ausa intern Heustieger, der domols nebm 'n Wold gstoundn is, und rennt davoun. Richti is er durt die gounze Nocht af der Lauer glegn, der neugi Aufsichtsjager.

„Wüllst Fasounen obazwickn, Luisl?" ruaft iahm der Michl noch. „Woart a weni, i leich dir mei Bamschar!"

Aprilwetter

Sou vor vierzg Johr hot ma 's ba ins in der Jagerei mit 'n Jogdschein und 'n Woffnpoß nou nit sou genau gnoummen. Dos hoaßt ober nit eppa, daß gwildert war gwordn und a jeder schiaßn hätt kinnen, wos er wölln hot; souwos hot 's ba insere Bergler überhaupt nit gebn!

Ober die Buabm va die Jager hobm öfter 'n Voter sei Jogdgwihr van Nogl gnoummen und san stott iahm sunntis noumitto Rebhiahner oder Hosn schiaßn goungen mit d' älteren Jager.

'n Jogdpächter seine Buabm – er hot jo gnua ghobt – san, sou ouft s' Lust ghobt hobm, mit der Büchsn umanoundergoungen, hobm öfter an Geier oder Fuchs hoambrocht und af die Oat 's Raubzeug kurz gholtn. Ah ba der großn Jogd san die Jungen meistens dabei gwesn, und wenn a Schendarm kontrolliern is kemmen, hobm sie sih in Ounwochs eini verdruckt.

Der Hansl, der Gsell is gwesn ban Rober-Schuaster, wor ah recht jogdeifri. Sei Voter is ah Jager gwesn, und wia er gstorbm is, hot d' Muatter 's Jogdgwihr 'n Hansl gschenkt; dos hot er seither in der Werkstott ban Rober af 'n Nogl hängen ghobt. Wal er a ormer Bua wor und d' Schilling za selbm Zeit, überhaupt für an Schuastergselln, nouh recht schütter gsaat san gwesn, hot er holt ah nouh koan Woffnpoß und koan Jogdschein ghobt. Ober 's Jagerbluat, dos er va sein Votern girbt hot, hot iahm koa Ruah lossn, und sou is er holt ah meistens mitgoungen mit 'n

Pächter seine Buabm; dos hoaßt, wenn er nit mit 'n Nochborsdirndl, seiner Regerl, in Grian wor. Die Regerl hot ober va dera Jagerei niggs wissn wölln.

Wia s' ba sein Moaster amol vor d' Osterfeiertäg d' Werkstott ausgweißt, 'n Fuaßboudn aufgwoschn und d' Stellaschn a weni gleichgraffelt hobm, hot der Moaster greint, wal 'n Hansl sei Schochtl, wou er sei Schiaßpulver und a poar Patrounen drei' ghobt hot, immer af an Plotz umanounderstand, wou wos ounders hinghörat.

„Wou sull i s' denn hinstelln, d' Schochtl?" hot er drauf 'n Moaster gfrogt. Der hot in der Werkstott umadumgschaut, nocha hot er gmoant: „Do in die Brotröhrn van Kochloufn kounnst s' einistelln, im Summer hoaz ma eh nit, und do drei' is' niamd für 'n Weg."

In der Werkstott is nämli a olter Kochloufn gstoundn mit aner Brotröhrn, in der d' Schuaster in Winter öfter Erdäpfl oder Bamkestn hobm brotn.

In a Wouchn drauf is über d' Nocht a Aprilschnee gfolln, und in der Friah is 's nocha recht frisch gwesn.

„Hoaz ein a weni!" hot der Moaster 'n Hansl oungschofft. „'s Pech zabröcklt ma gounz. I kounn nit nahn."

Der Hansl hot interzundn, und nocha san s' va der Moasterin zan Fruahstuck gruafn gwordn. Af d' Schochtl mit 'n Schiaßpulver in der Brotröhrn hot koaner denkt.

Derwal s' in der Kuchl grod die Knouflsuppn mit 'n Türknsterz obiglöfflt hobm, hot 's in Wirtschoftsgebäude, wou d' Werkstott zuwibaut wor, 'n „Tuscha" gmocht, ols wenn wou a Brett umgfolln war. Wia s' schaun grennt san, wor der Oufn weg, und d' Oufnkachl san in der Werkstott oazeln verstraht gwesn. 's Fenster is mitsoumt 'n Stouck in Oubstgortn daußt glegn, die Deckn hot a Louch ghobt, und die Türspiagl san in Houf untn 'n Misthaufn drei' gsteckt.

D' Werkstotteinrichtung hot 's überoll durt ausiblosn ghobt, wou s' am nächstn nebm wor. D' Schuasterstouckerln, d' Hulznägl und d' Flickfleck san daußt nebm 'n Fenster umanounderglegn, d' oltn Schuach hobm durch d' ouffnen Türspiagl ausimiaßn, und d' Oubertal hot der Luftdruck mit 'n Hansl seiner Bettwäsch van Himmelbett durch 's Louch in der Deckn 'n Dochboudn aufitrogn.

Do hot 's nocha a poar recht groube „Aprilwetter" gebm. Zerscht hot d' Moasterin gwettert und dabei ah 'n Moaster nit verschoant, nocha is der Moaster af 'n ormen Hansl lousdunnert und hot iahm virgrechnt, wia loung er hiatz o'dian miaßt für den Schodn, den er mit sein Schiaßpulver gmocht hätt; glei drauf hot 's va der Hauptmounnschoft 'n Strofbescheid herghoglt, und schließli is der Blitz nou ba der Regerl in ihr Trutzköpferl einigfohrn: Nouch den Unglück hot ihr der Hansl nit mehr inter d' Augn geih' derfn!

Seit 1869

Name

Vorname

Beruf

Postleitzahl und Wohnort

Straße

Land

An den

Verlag Styria

D-5 Köln 51	A-8011 Graz
Pf. 511029	Pf. 435

Nichtzutreffenden Ort bitte streichen

Informations-Gutschein

Bitte kreuzen Sie unten Ihr Interessengebiet an. Sie erhalten dann regelmäßig Prospekte und Informationen über Styria-Neuerscheinungen.

- ☐ Religion
- ☐ Theologie
- ☐ Philosophie
- ☐ Werke der Geschichte
- ☐ Biographien
- ☐ Bibliophile Werke
- ☐ Belletristik
- ☐ Jugendbücher

Diese Karte entnahm ich dem Buch:

Zum Kauf wurde ich angeregt durch:

○ Prospekt, ○ Anzeige, ○ Buchbesprechung, ○ Schaufenster, ○ Empfehlung des Buchhändlers, ○ Empfehlung eines Bekannten, ○ Geschenk. (Bitte ankreuzen)

Meine Meinung zu diesem Buch:

A holtbors Schuahwerk

Wenn der Opa dazöhlt: „Ähnl“ oder „Ahnl“ sogn s’ heut nit mehr, die Enkel zu iahnere Großeltern, ober d’ Schriftwörter san ah heut wieder z’ loung, und sou hoaßn sie s’ holt Opa und Oma. Ober gleich bliebm is dos kindischi Neugierisei’, wia ’s gwesn is vor hundert Johr, wie der Urgroßvoter sein Ähnl in der Rachstubm nebm der Kianleuchtn af die Knia gsessn is. Heut sitzt der Opa in der wormen, helliachtn Wouhnstubm af der Bettbounk, und umadumher lousn die Enkel zua, wenn er dazöhlt va der „oltn“ Zeit.

Desmol is ’s die Gschicht van Jiagl und seine Hülzer:

„Hülzer hot ma selm, wia i nou a Kind und später Lehrbua bin gwesn, die Hulzpantouffl gnennt, die in insern Bergen d’ Mounnsbilder in Winter stott Stiefl ounzougn hobm. Vor ’n erschtn Kria’ is ’s Geld sou klua gwesn, daß sih d’ Leut seltn hobm Lederstiefl kafn mögn, und za’ Kriagszeit und a poar Johr danoch worn eh kua zan hobm.

Wia i mit mein Moaster af der Stör gorbat houn und mit iahm va oan Bergler zan ondern zougn bin, hobm ma ba die Hulzpantouffl ’n sauledernen Ounstuck und olte Stieflrohr oungmocht, und nocha san draus richtige Stiefl gwordn; Furm hobm s’ wohl kuan ghobt, ober gwiß wosserdicht und schei’ worm worn s’. Frali, zan Weiterkemmen is nit gwesn damit, wal sie sih nit obougn hobm und ba die Kurvn nit hobm umawölln um d’ Reit. In Schnee hobm sie sih intn ountretn, und wal die Krustn immer ungleich dick worn und va Zeit za Zeit weggfolln san, san d' Mounnsbilder olliwal krump dahergoungen; sie san mounchsmol recht groß – und gach wieder gounz kloa gwordn. Ober d' Leut hobm sih droun gweihnt, und mouncher Ouchsnknecht, der für 's schnelle Geih' eh nit is gwesn, hot s' nocha, wia schua Lederstiefl z' kriagn worn, gor nit wölln o'tuan.

Sou ah der Jiagl. Der Jiagl is nouch der Schulzeit Holterbua und nocha olliwal Knecht gwesn in der Gmua. Wia er 's nit mehr damocht hot, hot iahm der Höchbergler a Stüberl gebm, wal er sist ols Einleger hätt miaßn umadumgeih'; domols hot 's nouh kua Oltersversorgung gebm. Bevor 's souweit wor, hot er ban Kaufmounn nouh a etla Poar Hülzer ghult, wal er gmuant hot, nocha in der Gnodnbrotzeit kinnt er sih gwiß kua mehr kafn.

Sou is der Jiagl Summer und Winter mit d' Hülzer umanoundergstiegn, und die hätt er um niggs in der Welt hergebm. Ober ounkloupfn hot er holt ba koa Tür brauchn, wal d' Leut sou schua ausagrennt san schaun, wos lous is, wenn er wou zuwipultert is zan Haus. Und wenn er in an bessern Sunnti oder Feiertog in d' Kirchn goungen is, hot er sih schua af 'n Weg mochn miaßn, wenn der Houh' 's erschtemol kraht hot. Er is ober destwegn nouh z' spot kemmen, und der Pforrer hot nocha ollimol derwal van Predign aufghört, bis der Jiagl z' sitzn kemmen is af 'n erstn Staffl va der Predistuhlstiagn; es hätt iahm sou niamd verstoundn, souloung der Ausholter viriklachlt is nouch 'n pflostertn Goung.

In Winter hätt er 's vül besser ols d' reichn Leut, hot er gmoant, der Jiagl, wal die in ihrn neumoudischn Schuahzeug Frostboln und Hiahneraugn tatn kriagn. In Summer war 's ah nit wärmer drei' wia in Lederschuach; durch 's Hulz möcht d' Hitz nit durchi, und schwitzi tat er ah nit wer'n, wal er nit sou schnell kinnt rennen damit. Und in der Nocht, do warn s' erscht recht gsund, do hätt er ah ba seiner schlechtn Zuahüll immer worme Fiaß und tat destwegn nit krounk wer'n. Wer nia kolt hätt af d' Fiaß, der kriagat ah koa wülde Hitz und würd' olt, hot er olliwal gsogt. Olt is er gwordn, der Jiagl, und eh er gstorbm is, hot er nouh oungschofft, d' Hausleut sulltn iahm d' Sunntogshülzer – dos worn die Hülzer, die er glei zan Kirchngeih' ounglegt hot – ins Grob mitgebm.

Sie hobm iahm nocha ober verkehrt 'n Sorg einilegn miaßn, wal die groBn Pantouffl nit gnua Plotz ghobt hobm af der Fiaßseitn und sist der Deckel nit zan draufbringen war gwesn.

Wia nouch a zwoanzg Johr der Totngrober sei Grob aufgmocht und für an oundern gricht hot, hot er a Poar Hülzer aus der Gruabm gworfn, die nouh sou guat daholtn worn, daß ma s' noumol neu ounschoftn hätt kinnen. Sou loung hot seither gwiß mehr koa Schuahwerk gholtn."

’s Hounigschleckn

Olle Johr in Summer fohrt der Stefl, a strebsoumer Beinlvoter, mit seine fleißign Soummler ins Gebirg, wal durt mounchsmol der siaße Hounigtau follt. Und selm, wia sih dos Gschichtl o’gspült hot, is er drei’ in an Grobn va d’ Fischbocherolpn gstoundn.

Dos kolte und regnerische Wetter in Friahsummer hot ober die „Trocht“ verwiast, und sou hobm die Beinl nit souvül zsoummbrocht, wias für ’s oagne Vulk und die Bruat braucht hobm. Wia d’ Völker schua völli am Hungertuach gnogt, dos hoaßt, ’n Vorrot aufbraucht und die Kinderstübln gewolti kloaner gmocht hobm, is ’s gach hoaß gwordn.

Oft is va weiter oubm a Gred obakemmen, daß durt va die Lärchbam der Hounig obatroupfn tat.

Oubwuhl die Beinlzüchter mit ’n Lärchnhounig sist koa Freud hobm, wal er schua in d’ Wabm kandiert und deswegn hoat wird oder gor nit zan Schleudern is, is er desmol wia a Retter in der Nout, olso wia gwunschn, kemmen.

Schnell is der Stefl bergauf goungen, und wia er gsechn hot, daß ’s dreihundert Meter höcher wirkli Lärchenhounig gibt, hot er glei a Platzerl zan Aufstelln gsuacht. Nebm oaner kloan, recht oltn Bochmühl hot er ’s ah glei gfundn. Der Bauer, den d’ Mühl ghört hot, hot schnell sein Hengstn eingsponnt, Staffeln und Bretter zuagführt, und mit seiner Hülf wor in kurzer Zeit a wetterfeste Hüttn firti, ouhne der er durt die Beinl nit hätt aufstelln kinnen.

Am Noumitto hot der Stefl seine Stöck wieder wounderfirti gmocht und d' Fuhrwerker ghoaßn, und schua in der erschtn Nocht hot er sei' stochlige Frocht af oanachsige Korrn aufgfoßt und af sticklati Gebirgsweg oaner neugn, gounz oundern Bergloundschoft zuagführt.

Wenn glei der Weg nit weit wor, hobm die Knecht ihre schwarn Hengstn fest ountreibn miaßn, sist war der Stefl mit seiner „Völkerwounderung" in der Nocht nit firti gwordn – so hot jeder Fuhrwerker öfter fohrn miaßn, wal nit vül Stöck Plotz ghobt hobm af die Zwoaradlkorrn –, und ban Togliacht wars mit die ungfedertn Fohrzeug af d' stoanign Weg nit mögli gwesn, wal d' Völker „verbraust" warn.

's Mühlstüberl, dos übern Mohlraum is ausbaut gwesn, hot der Stefl ols Schlof- und Orbatsraum benutzn derfn. Wenn d' Mühl in Goung gsetzt is gwordn, hots' ober immer gwoglt, wal die ungleich ausgleiertn Hulzloger ban Wosserrod und ban Triebling dos Schüttln zwegnbrocht hobm.

Hounig wor mehr af die Bam, wia der Stefl gschatzt hot, und schua glei worn d' Wabm sou vull, daß er alloa mit 'n Schleudern nit mehr zrechtkemmen is. D' Haustochter is ols Helferin eingsprungen, und derwal der Stefl die schwarn, zan Tal schua mit kandiertn Hounig gfülltn Wabm va die Stöck ausagnoummen hot, hot dos storke Diandl versuacht, sou vüll wia mögli va den festn, ober recht guatn Gebirgshounig ausazbringen. Dabei san vül Wabn zsoummbrouchn, und die vulln Stückln san jedn Tog in a Blechtassn – die hot grod fünf Kilo gfoßt – gsoummelt gwordn. Am Obnd hot s' der Stefl in a Koundl umgfüllt, wal s' in a Noutzeit ols Fuatter verwendt werdn sulln.

Za selbm Zeit is durt oubm dos Schworzbirbrouckn grod fest in Goung gwesn. Oazeln und schüppelweis san am spotn Noumitto Schulkinder, Diandln, Weiber, und mounchsmol sougor Mounnsbilder, mit die gfülltn Bucklkörb ba der Mühl vabeigoungen, und obi zan Wirt, wou die Soummelstell is gwesn. Zwoamol in der Wouchn hot s' va durt a Lostwogn o'ghult, die Schworzbir. Für die Gebirgler wors a kloane Einnouhm, und die hobm s' schwar verdiant. Um vieri in der Friah hobm s' schua miaßn brouckn und buckln, wenn s' ihrn Korb bis Noumitto hobm vullbringen wulln. Nocha hobm s' 'n erscht stundenloung trogn miaßn bis za Soummelstell, und durt hobm s' nocha ihrn Louhn auszohlt kriagt.

Ban Zruckgeih' hobm der Stefl und sei' Helferin die Kinder, und später ah d' jungen Diandln und d' Weiber, zan Hounigschleckn einglodn. Es wor für 'n Stefl a richtige Freud, wenn die lustigen Gebirgler mit die blobm Finger und schworzn Zungen die brouchenen, ihna recht seltsoumen Wabmstückln dounkbor entgegngnoummen hobm, und dos wirkli ehrli gmuante „Vergeltsgott" wor oft leicht gnua für die Gob, die d' Natur selm in Übermoß hergschenkt hot.

Wia oast obnds die Birsoummler schua oll vabei san gwesn und der Stefl grod die Bruchstückln va der vulln Tassn in die Koundl hot fülln wulln, is a boudnfester, älterer Mou' nouch der Leitn aufakemmen. Er wor mehr broat ols loung, hot a kloas, gspitzts Hiatl af sein großn Koupf sitzn ghobt, und der laare Bucklkorb is ba sein woglign Goung olliwal hin- und herpendelt.

„Jesas, da Martl va der kolt Feichtn!" hot d' Helferin aufgschrian. „Der is heut wuhl wegn 'n Hounigschleckn selber mit die Bir obigoungen. Der is sist z' faul, daß er 'n vulln Bucklkorb zan Wirt ausitrogat." A weni stüller hot s' nocha weitergredt: „Wenn der einakimmt, der ißt olle Wabnstückln zsoumm. Ramen S' s' weg schnell!"

„Er sull essn, sou loung er mog", hot der Stefl gmuant.

„Mir bringen oll zwoa nit souvül ausa, wos die Beinl hiatz olle Tog eintrogn.“

„Ober der ißt nit, der frißt jo“, hot ’s Diandl nouamol tuschelt. „Wenn ma den ’n Oanschnitt virlegt, steht er nit ehnda auf, bis ’s letzte Scherzl weg is.“

„Ober frischn Hounig mitsoumt d’ Wabm kounn ma dou nit souvül essn, wal . . .“

Der Stefl hot den Sotz nit mehr firtisogn kinnen, wal sih die Tür schua draht hot in ihre hulzenen Ongln und der Martl übern Troumbam einigstulpert is ins Stüberl.

Nouch ’n Gruaß hot er glei af die Tassn gschaut, die mit vulle Wabmstückln af der Houblbounk gstoundn is.

„Die Kinder hobm gsogt . . .“, dos san seine gounzn Wörter gwesn, die er af Loger ghobt hot, und mit die hot er wölln sogn, daß ma in Stüberl ba der Blos-Mühl hounigschleckn derf. Der Stefl hot iahm den oltn, schei’ verziertn Bauernstuhl zrechtgruckt und gsogt, er sull sih ’n Hounig recht guat schmeckn lossn.

’s Diandl hot iahm Gobl und Messer hinglegt, ober dos Zeug hot er gor nit beocht’. Er hot mit d’ Finger zuagriffn, und wenn a Stückl ols a gounzer nit hintrigoungen is, hot er mit seine storkn Zähnt a poarmol obabissn.

Der Stefl is, wia jedn Obnd, die Beinlhüttn auframen goungen, und d’ Haustochter hot weitergorbat’. Sie hot ’s ober nit lossn mögn und hot ’n Martl ba seiner gierign Mohlzeit oanigsmol recht harb aungschaut. Gach is s’ ausigrennt za der Beinlhüttn und hot gsogt zan Stefl: „Gehn S’ aufi schnell, er hot schua ’s holbe Blech oglaart!“

„Er sull essn, sou loung er mog“, hot der Stefl wiederhult. „Die Beinl hobm heut wieder fleißi eintrogn. Der Woogstouck hot stork zuagnommen. Wenn dos nou a Wal sou weitergeht, wird der Bruatstound erscht nit größer, wal ka Plotz dafür is.“

’s Diandl hot gmuant, wenn die Beinl ah fleißi warn, sie kinnt nit versteih’, wia ma deswegn den Vülfroß sou ounfuattern kinnt.

Wia der Stefl wieder ins Mühlstüberl kemmen is, hot der Martl nou olliwal paschlt und kaut ba die Wabmstückln, va die glei mehr a kloas Häuferl af ’n Blech gwesn is. Der Rouck, ’s Gsicht, d’ Nosn, der Bort, und sougor d’ Housn worn mit Hounig vullgschmiert.

Gach is stüll gwordn – es is kemmen, wos kemmen hot miaßn –, den oan Brouckn, der die linke Woungen grod nouh oandli aufblaht hot, hot er nouh obigwürgt, nocha hot er a weni einwendi einigloust, is aufgsprungen, hot um die Tür griffn und is wia der Blitz nouch der Stiagn obigrumpelt. Ban Vabeilafn hot er oan Riam van Bucklkorb dawischt, den er vorn Mühleingoung o’gstellt hot ghobt, und oft is er wia a ghetzts Wild in Erlgstaurich verschwundn.

„Sou schnell is der Martl sei’ Lebtog nou nit glafn“, hot d’ Haustochter schodnfroh gspöttlt.

Va selm oun san wieder ’n Martl seine Kinder mit die Bir zan Wirt ausigoungen.

’s Oufntürlmoß

Groß gredt und gscheit toun hot er olliwal, der Stindl, wenn er inter d’ Leut is gwesn und sei’ Weib nit dabei wor. Wal er dahoam nit vül z’ redn hot ghobt, hot er die Zeit ausgnutzt, wenn d’ Luft „rein“ wor. Sou ouft er sih intn ban Greisler a Kloanigkeit hot ghult, hot er d’ Leut aufgholtn af ’n Weg, und wenn er sulche trouffn hot, die gern zuaghört hobm, hot er stundnloung prohlt und Neuigkeitn dazöhlt. Wal er olliwal ’n loungen Krogn gmocht, jo sougor die Heuhäufln und Troadmandln zählt hot, wenn er wou goungen is, und immer gloust und gfrascht hot, is sei’ Trotschmühl nia laar gwordn.

Ober oamol hot er koa Zeit ghobt zan „Leutausrichtn“, oubwuhl iahm af ’n weitn Weg ausi ins Pforrdorf bis zan Schlousser vül begegnt san. Schuld droun is der Huaber-Maurer, der Herdmocher, gwesn.

Dos hot sih sou o’gspült: Wia ba ins dahoam fost überoll d’ Rachkuchln o’kemmen san, hot ’n Stindl sei’ Weib ah an Sporherd miaßn kriagn. Der Schlosser hot d’ Eisntal gliefert, und ’n Huaber hobm s’ zan Herdmauern ghoaßn. Dabei hot sa sih zoagt, daß der Bockoufn ah zan neu herrichtn is gwesn.

Do muant nocha der Huaber: „Es fahlt ins ober nou die Bockoufntür. Der Stindl sull s’ ounschoffn geih’ ausi zan Schlousser, damit s’ nocha ah firti is, wenn i souweit bin mit ’n Mauerwerk; i könnt nocha nit weiterorbatn, wenn die Tür fahlt.“

„Muaß i s' holt ounschoffn geih'", sogt drauf der Stindl.

„Ober geh a bisserl schleuni!" schofft sei' Weib. „Bis du dih ausischleichst ins Tol und nouch der Stroßn obi bis zan Schlousser, oft nouh loungmächti trotscht interwegs, is der Tog furt, und wieder niggs mit dei' Orbat."

Gounz kloalaut sogt nouch oaner Wal der Stindl zan Huaber: „Selm muaßt mir d' Moß ah mitgebm van Bockoufntürl."

Der Huaber wor grod 's Gegntal van Stindl, er hot mehr in Koupf und weniger af da Zung ghobt; hot ober, wenn er ah nit mehr der Jüngste is gwesn, nouh jedn Spoaß mitgmocht. Er hot 'n Stindl seine Untugendn ah kennt, hot sih a weni krotzt hinter d' Ohrwaschln, a weni glocht, nocha hot er gsogt: „Ziach dih na um, i sog dir nocha schua d' Moß."

Der Stindl legg 'n blaugfirbtn Janker oun, und die Kathl, sei' Weib, broat' iahm a neugwoschns Fürtich hin. Wia er nocha d' Fürtichbandln um d' Mittn umagebn und zuabundn hot ghobt, frogt iahm der Huaber: „Host 'n Zollstob?"

Der Stindl beutlt mit 'n Koupf.

„Dunnerwetter! Teigl eini! I houn mein heut gwiß ah vergessn dahoam", tuat der Maurer recht daschreckt. Nocha mocht er mit der Hoummerschneid af der schworzn Wound a poar Krotzer und sogt recht wichti: „Lous guat auf, Stindl! Do wird die Bockoufnhoazung. Hiatz streckst ollzwoa Orm aus und holtst d' Fingerspitz za die Strich zuwi. Sou jo, sou paßt 's! Dos is die Läng; d' Höchn woaß der Schlousser selber. Du derfst ober mit d' Händ nia zsoummund ah nit ausanounderruckn, sist stimmt d' Moß nit." Nocha hot er iahm die Tür aufgmocht und nouamol streng auftrogn: „Guat aufpaßn af d' Moß!"

Mit virigstreckte Händ is der Stindl obigstiegn nouch

'n Houng. D' Augn hot er olliwal af d' Fingerspitzln gricht, daß s' jo nit enger zsoummkemmen oder weiter ausanounderwockln. Ober kam is er af d' Stroßn kemmen, hobm d' Orm zan wehtuan oungfoungt. „Hiatz bin i erscht a Stückl goungen, wia wird dos werdn, bis i hinkimm; bis zan Schlousser hot ma oa Stund und oa Viertl zan geih'", denkt sih der Stindl. Er mocht schnellere Schriatt, und wia schwarer d' Händ werdn, um dos schneller foungt er zan geih' oun.

Zerscht begegnt iahm der Pitter.

„Wos host 'n heut, Stindl, wals d' mit ausgstreckte Händ daherlafst wia a Verruckter? 's Rennen is sist jo nit dei Oat", schreit iahm der schua va weitn oun.

„D' Moß, d' Moß va der Bockoufntür", gibt der Stindl ali zruck und laft weiter.

Der Pitter draht sih um, schaut iahm a Wal noch, nocha locht er hellauf.

Ba der Bruckn kimmt die olt Stanzl daher. „Schod is 's", denkt sih der Stindl. „Die hot immer a Neuigkeit gwißt, wenn i s' trouffn hob." Ober desmol hot er nit gfrogt: „Wos gibs Neugs, Stanzl?" Vabeigrennt is er, ols wenn er s' gor nit gsechn hätt.

D' Stanzl is steih'bliebn, nocha hot s' za ihr selber gsogt: „Nau, nau! Hiatz is er gor gounz narrisch gwordn, der Stindl."

Nouh ouft hobn s' iahm oungschrian interwegs, ober der Stindl hot seine Augn nit o'gwendt va seine Händ, die schua immer tiafer obigsunkn san und völli nit mehr zan datrogn worn.

Gschwitzt hot er wia a Pudl, wia er endli ban Schlousser ounkemmen is. Durt hot er mit 'n Fuaß za Glostür zuwitretn und gruafn: „Aufmochn, Moaster, i houn kua Hound frei!"

Der Moaster schaut za der Tür und siacht 'n Stindl steih' heraußt. Oll zwoa Händ zoag er ba der Glostür eini.

„Host eh d' Händ frei, moch selber auf!" schreit der Schlousser granti ausa.

„Na! Na!" jammert der Stindl schua gounz verzweifelt. „I houn d' Moß va der Bockoufntür."

Hiatz is 's 'n Moaster eingfolln, daß der Huaber ban Stindl 'n neugn Herd mocht. Hoamli locht er a weni schodnfroh.

Kam wor die Tür ouffn, stouttert der Stindl schua gounz daschöpft: „Der Huaber hot 'n Zollstob vergessn dahoam; nimm d' Moß schnell, i kounn d' Händ nit mehr länger sou daholtn."

„Host umasist gschwitzt, Stindl", muant der Schlousser gmiatli und schmunzlt in sein Bort eini. „I houn eh a firtige Tür do, die für dein Bockoufn paßt."

Do mocht der Stindl an Schnaufer und loßt d' Händ obifolln.

Der Bittlmounn in der Loahmgruabm

„He, Nazl, wirst dou nit Loahm tretn hiatz um Mitternocht in inser Gruabm drei'!“ hot der Ziaglmocher-Touni 'n Nazl zuagruafn, der bis za da Iaxn in der Lockn gsteckt is und nit viri und zruck kinnen hot.

Wia er einikemmen is?

Es is selm gwesn, wia die „gsatztn“ Häuser san o'kemmen, wia ma ba ins nämli oungfoung hot, d' Hausmauern aus brennti Ziagl z' mochn und nit mehr aus rochn Loahm mit Stroh; wia nocha schua überoll rote Mauern hobm obagleucht va die Hügl und schua ba jedn Haus a Loahmgruabm, a Loahmlockn, wia ma ba ins gsog hot, zan gsechn is gwesn. Dos worn viereckig ausgstouchene Gruabm, aus die der Loahm für die Ziagl is gnoummen gwordn und in die ma nocha 'n Hirscht die truckenen Ziagl „einigschiebm“, za an Oufn zsoummgsetzt und brennt hot. Worn die Ziagl kolt, hobm sie s' ausagnoummen, und in der verbliebnen Gruabm hot sih Regnwosser oungsoummelt; und unter den hot sih oft a recht zachi Schloummschicht bildt.

Va Südn, van Lound mit den loungen Stiefel, san s' aufakemmen, die Ziaglschloger. Insere Kloahäusler, die zerscht mit die Ausländer ols „Aufscheiber“ oder Loahmkneter san mitgoungen, hobm sih dos Schlogn und Oufnsetzn o'gschaut und oft selber Ziagl gmocht. Es is ober nit jeder z' tuan kemmen damit. Mouncher hot ban „Einwerfn“ Sound zwischnbrocht, nocha san die Ziagl vanoundergfolln. 'n onderer wor z' loungsoum oder hot gor d' Rohr versetzt und oft ban Brennen koan Zug ghobt.

Der Touni, a recht rieglsoumer Kloakeuschler va der hintern Hoad, hot dos Ziaglmochn bold 'n kloan Finger ghobt und schönere Ziagl zsoummbrocht wia die zuagroastn Ziaglschloger. Ah in der „Togesleistung" is der Touni nit zruckbliebm va die Fremdn, wal er immer recht ranti griffn hot und wal ah sei' Töchterl, d' Hanerl, die er za jedn Schlog zan Wegsetzn hot mitgnoummen, recht flink wor. Die is 'n gounzn Tog fleißi grennt hin und her, und kam wor a Ziagl firti, is der Moudl für 'n zweitn schua wieder, fei' eingsandlt, af 'n Ziagltisch gstoundn. Sou hot mit der Zeit jeder Bergler oder Bauer, der zan Schlogn zsoummgricht hot, 'n Ziaglmocher-Touni, wia s' iahm schua gnennt hobm, mit sein fleißign Hanerl aufgnoummen.

Die zwoa alloa hobm frali ah nit Ziagl schlogn kinnen, es hot nou a „Aufscheiber" miaßn sei', der 'n Loahm mit der Scheibtruchn af 'n Ziagltisch aufigführt hot, und a Loahmtreter, der 'n drei' in der Gruabm hot zrechtgmocht. Der Loahmtreter hot die schäbigste Orbat ghobt. Der hot d' Housnbirgln aufigstrickt, sou weit 's goungen is, und 'n Loahm sou loung tretn und knetn miaßn, bis kua Brökkerl mehr dabei wor. Deswegn is zan Loahmtretn ah meistns nur oana goungen, der 's holt just nou zan „Loahmlaggl" toun hot.

D' Hanerl, die nit glei fleißi is gwesn, ah sist grod gwochsn und a saubers Gsichtl hot ghobt, wor der „guate Geist" in der gounzn Partie. Hot nämli der Touni, wenn der Loahm nit paßt hot, 'n Loahmtreter sou zsoummgschimpft, daß er aus da Gruabm gstiegn is, oft hot iahm d' Hanerl hoamlih zuablinzlt; nocha hot er wieder weitertretn. Sie hot ihre Gspoaß gmocht und guat umgeih' kinnen mit die Buabm, die gern um sie uma worn, hot ober ah mounchsmol oan richti af 'n „Loahm" gführt, wenn er d' Fopperei nit dakennt hot.

Mit 'n Nazl, der 'n Loahm tretn hot, wia s' ban Keglbergler Ziagl gschlogn hobm, hot sie 's gor org triebm. Der Nazl wor nit mehr der Jüngste; a recht boudnfester, mehr in die Broatn gwochsner Bua, ober liacht wor 's holt nouh immer nit ba iahm in oubern Stüberl.

D' Hanerl hot dos gleih gmirkt und niggs dagegn gsogt, wenn er ihr schei' toun hot; jo sie hot iahm sougor öfter a weni zuaglocht, wenn d' oundern nit hergschaut hobm. Dafür hot der Nazl 'n gounzn Tog fleißi gschwitzt und tretn, und der Touni hot gmoant, der Loahm war nou va gor koan Loahmtreter sou fei' knetn gwordn wia van Nazl. Wia nocha d' Hanerl wieder amol stott der Mittogsrost 'n Boudn af 'n Ziaglplotz mit der Soundkruck gleichgschoubm hot, damit die woachn Ziagl nit bucklt werdn, is der Nazl ah danebn gstoundn und hot bettlt, oub er nit amol fensterln derft kemmen za ihr.

„Ober frali", hot s' gmoant, d' Hanerl. „Wenn 's dir na nit z' weit is eini bis za ins. Ober du muaßt geih', wenn a gounz finstere Nocht is, damit dih jo niamd siacht. Und zuwigeih' muaßt va hintn zan Haus, sist kinnt dih der Voter wohrtuan. Mei, wenn der dih wohrnimmt, der kimmt mit 'n Hoslign! 's erschte Fenster van Weg her af der Gieblseitn is va mein Kammerl."

Wia s' mit 'n Schlog firti san gwesn und nochher gleih amol recht nebli und sou finster wor, daß ma d' Hound nit vor d' Augn gsechn hot, is er wirkli zruckgschlichn, der Nazl, za hintern Hoad; durt ban Ziaglmocher-Touni hinters Haus uma, und mäuserlstill zuwi za der Hanerl ihrn Fenster. Loung hot sa sih nit gmeldt. Wia er nocha ober fest ounkloupft hot, is 's Fensterl dou aufgoungen, und d'

Hanerl hot recht siaß toun: „Ober Nazl, wos mochst ’n für ’n Lärm? Hiatz host ’n Votern ah nouh aufgweckt. I hör wos ial in der Stubm; mir scheint, er is schua aufgstoundn. Laf furt schnöll, er kimmt mit ’n Steckn! Do renn obi zwischn die zwoa Bam: ober ranti, ranti, sist is ’s gfahlt!“

Da Nazl siacht die zwoa Bam a weni außasteih’ van Nebl und rennt obi nouch ’n Houng, wos seine kurzn Haxn hergebm. Af oamol hot er koan Boudn inter d’ Fiaß und — platsch — steckt er ah schua in der Loahmgruabm!

A Wal hot ’n d’ Hanerl platschln lossn in der braunen Suppn, nocha is’ übrigoungen in d’ Schlofstubm za ihre Leut und hot gsogt: „Voter, der Nazl steckt in inser Loahmgruabm drei’, i denk, du muaßt iahm ausahelfn.“

Der Touni is aus ’n Bett gstiegn, hot ’s Stollfunzerl ounzundn, nocha is er schaun goungen obi za der Lockn. Wia er zuwikemmen is za der Gruabm und ’n Nazl zuagruafn hot, hot der bettlt:

„Nit schlogn, Touni, i hob eh niggs Schlechts wölln, i möcht s’ holt gern heiratn, d’ Hanerl!“

„Do wirst holt dawal nou vül Loahm tretn miaßn“, moant drauf der Touni und wirft a Stoung über die Gruabm.

Sou schnöll, wia er einikemmen is, wor er hiatz wieder heraußen, der Nazl, und nocha is er ouhne umzschaun wia a nosse Antn ausigwatschlt nouch ’n Grobm in sein loahmverschmiertn Sunntogsgwandl. Ba olln Unglück wor er nouh froh, daß er ’n Touni sein Steckn nit z’ spürn kriagt hot.

Oubs nocha liacht is gwordn ba iahm? Fensterln is er nia mehr goungen zruck in d’ hintere Hoad za der Hanerl, der schönen Ziaglwegsetzerin.

Die Bosnischn

Diabn san s' gwiß nit gwesn, die Buabm ba ins dahoam, ober wenn sie sih soumstogs am Obnd za an Schöckl zsoummgmocht hobm und van Singen und Juchzn schua san hoaser gwesn, hobm sie sih mounchsmol oungschlichn ba an Oubstgortn, wou 's guate Kerschtn gebm hot, Birn oder Pferschi, oder ah ba an Weingortn mit picksiaße Traubm. Sie hobm gessn, sou loung s' mögn hobm, und ouft ah d' Säckl vullgsteckt; für 'n Hoamweg oder fürs Dirndl, wenn s' nocha za 'n Fensterl zuwigstiegn san.

Sou gwöhnliche Äpfl oder Birn hobm s' frali nit gnoummen; die hot jeder dahoam ah ghobt. Ober wenn s' wou 'n Bam mit guate Sortn gwißt hobm, der is nouch sou 'n „Überfoll" über d' Nocht nocha meist völli laar gwesn.

Af 'n Horner seine „Bosnischn" hobm s' 's extra schorf ghobt. Es warn die bestn Birn weit und broat, hot er überoll gsogt, der Horner, wal er die Zweig ban Weltkria' va Bosnien mitaufagnoummen und nocha dahoam af 'n Hulzbirnbam aufipelzt hätt.

Und wal seine bosnischn Birn 'n jedn Johr schua völli immer ehnda „Fiaß kriagt" hobm, eh s' oandli zeiti san gwordn, hot er – wia s' wieder amol liacht und woach ausgschaut hobm – za sein Buam, 'n Schani, gsogt, er sull aufpassn inter 'n Bam.

Eigentli hot er gor nit iahm ghört, der Schani, wal der Horner nit verheirat' is gwesn und sei' Berglerwirtschaftl alloa beorbat' hot. Wia ober die windische Kiahdirn vor etli Johrn za Silvester van Grobmbauern weggoungen is, is s' mit ihrn Buabm zan Horner aufikemmen und hot gsogt: „I geh wieder heim, Bub loß i do bei dih, is eh dei Bub." Der Horner hot zwor nit versteih' kinnen, wiesou der Bua hiatz af oamol sei' ghörn sull; wal er ober schua feste Orm ghobt hot, der Knirps, und broate Händ, hot er gmuant, sie kinnt iahm schua dolossn, 's Essn würd' schua gfuagn.

Af die Oat is der Schani 'n Horner sei' Bua gwordn. Er is bold aus der Schul kemmen, hot gern gessn und nou liaber gschlofn und is in den Jahrln af d' Höch gwochsn za 'n bärnstorkn Laggl.

Wia 's ober schua mounchsmol is, 's Hirn hot holt gor nit wulln mitwochsn mit 'n Gstell. Und sou hot jeder leicht dakennen kinnen, daß er nit „gounz ausbochn" is, der Schani, wia ma ba ins sogt. Er hot fest ounpockt, wenn Kroft nouti is gwesn und der Horner dahinter gstoundn is. Wenn der 'n alloa hot lossn, hot er liaber döst ols gorbat'.

Wia nocha amol sunntis in der Friah der Birnbam wieder holb laar is gwesn, hot er 's gwißt, der Horner, daß der Bua nit gfulgt und gschlofn hot in sein Kammerl, stott af die Birn' aufzpassn.

„'n ounderschtmol stell i dir 'n Haartroug intern Bam eini, nocha wirst 's wuhl wohrnehmen, wenn s' aufisteign, die Saubuam, die niggsnutzign", hot er drauflous gschimpft.

Sou is 's ah gschechn: Am nächstn Soumsti hobm s' 'n Haartroug inter 'n Bam gstellt, mit a poar Hobergorbm oungfüllt, d' Wognplochn drauf toun, und nocha hot er sih holt einiglegt, der Schani.

Wirkli hobm sie sih wieder zuwigschlichn, die Buabm, za den Bam. Wia s' den Troug gsechn hobm, in den der Schani rechtschoffn gschnorcht hot, hobm s' 'n schön sachti überdraht. Nocha hobm sih a poar draufgsetzt, und d' oundern hobm dawal 'n Bam o'glaart.

Zerscht hot er a weni blosn und gniast intern Hoberstroh, der Schani, oft hot er wieder weitergschnorcht.

Wia der Horner in der Friah 'n Buabm zan Kiahfuattern is huln goungen und dabei 'n laarn Bam und 'n überdrahtn Haartroug hot gsechn, hot er olle Dunnerwetter louslossn. Erscht wia er mit 'n Schuach oandli hot zuwitretn zan Brett, is er loungsoum af d' Höch goungen, der Troug, und der Schani is intn ausakralt wia a Schneck inter sein Häusl.

Nocha hot er sih amol grenzt, hot a unschuldigs Gsicht gmocht, und wal der Horner gor nit hot aufghört van schimpfn, hot er gmuant: „Hättn mih wuhl kinnen aufweckn, die Buabm!"

Der Unfoll af der Ke'nscholnstroßn

Es is nou nit loung her, seit ma die Kürbissortn mit 'n scholnlousn Ke'n ounbaut. Früher hobm s' miaßn die Kürbiske'n mit der Hound schöln, und 's „Ke'nschöln“ is sou wia 's Federnschleißn und Woazschöln a Orbat gwesn, die in der loungen „Unterliachtzeit“, wia ma ba ins sogt, 'n Spothirscht und Winter, toun is gwordn. Do san nocha gwöhnli d' jüngeren Leut van Dorf, Berg oder Ried zsoummgoungen und hobm obwechselnd ba olle Häuser gschölt, oub 's Bauern, Bergler oder Sölner worn, bis s' überoll damit firti san gwesn.

Dabei hobm s' vül dazöhlt, glocht und gsungen, und wenn a Harmoniespüler is zweg gwesn, is 's nochher, wenn die Ounricht gschölt wor, bis Mitternocht tounzt gwordn.

Ah „Ke'nscholnstroßn“ san selm öfter nouch oaner sulchn Schölnocht ounglegt gwordn. Dos worn ober koane Stroßn, af die ma mit d' Roß oder Ouchsn fohrn hot kinnen. Sie san ah nit nouch 'n fohrborn Grund valafn und hobm meistens glei über Zipf und Boudn za an Haus gführt; ober immer hobm s' intern Fensterl va an Diandl oungfoungt und ban Türl za an Buabmstüberl aufghört. Wenn nämli d' jungen Leut wou a hoamliche Liabschoft gwißt oder gmoant hobm, es tat sih a sulche zsoummbandln, hobm s' ban Ke'nschöln d' Scholn nit wia sunst intern Tisch obigworfn; sie hobm s' hoamli in d' Säckl gsteckt oder in umigstricktn Fürti gsoummlt und ban Hoamgeih' nocha van Fensterl weg bis zan Haus van Buabm in oan Straferl af 'n Boudn gstraht.

Af die Oat wor nocha der Weg van Liabhober bis zan Diandl gmirkt. Dos wor nocha immer Wosser af die Trotschmühln, die 's jo überoll gibt und ah selm schua gebn hot. Do hobm am Sunnti ban Kirchngeih' sougor die guatmiatign Weiber af ihrn Farldischkur vergessn und oanounder die Neuigkeit dazöhlt.

Wenn sou a Straßl van Fensterl va aner Bauerntochter za 'n Stüberl va an Sölnerbuabm gführt hot, oder va aner Berglertochter za an Hirbisbuabm, nocha wor 's gounz gfahlt. Nocha hot 's mit die Eltern oder zwischn die Nochborn ah nou 'n Verdruß gebm. Wal „im Zeitolter der Stondesehn", wia 's ghoaßn hot, „Bauern ghörn za Bauern und Hirbisleut za Hirbisleut", hot 's a Diandl nit leicht ghobt, wenn a sulchs Ke'nscholnstraßl verrotn hot, daß za 'n Buabm holt, der nit za ihr paßt und den s' nit heiratn derf. Ah mounchn Bauernbuabm is nit besser goungen, wenn die Ke'nscholn 'n Weg za aner Sölnertochter oder gor Diastdirn ounzoag hobm.

Ouft is ah Einbildung und Bousheit dabei in Spül gwesn, und ouft is sou a Straßl ah gstraht gwordn, wal s' an recht stulzn Bauern oder a prohlerische Bäuerin hobm ärgern wölln. Und va 'n sulchn Straßl sull hiatz die Red sei':

Der oubere Huaber is an 'n Sunnti nouch 'n Kirchgoung a weni länger ban Poustwirt sitzn bliebm, und wal iahm am Noumitto ban Hoamgeih' die schiefe Hirschtsunn schei' worm af 'n Buckl gscheint hot, is er wieder durschti gwordn und ban kloan Wirtshäusl in sein Dörfl ah nou a weni zuwigstiegn. Nouch sou 'n schwarmiatign Fuaßmarsch hobm sih d' Viertln wieder leicht obistürzn lossn, und wia am Obnd nouch der Fuatterzeit die Dorfbuabm ban Wirt um 's Oufntischl zsoummgsessn san und a weni keppelt hobm mitanounder, is 'n Huaber die Zung schua recht loucker gwesn; er wor für sei' Prohlerei grod richti aufglegt.

„Für mei Mizzi is koaner do in insern Dorf", hot er recht laut auftischt. „'s oazige Kind van größtn Bauern weit und broat derf sih nit in 'n Buabm vergoffn, der nit za mir paßt ..." So in derer Tounoat is die „groß Red" ouhne o'zbrechn weitergoungen.

Die Buabm af 'n Oufnbankerl hobm zerscht a bisserl tuschlt mitanounder, nocha hot oaner gsogt: „Ban Pousch tuan s' heut Ke'nschöln!", und daußt worn s' ba der Tür.

Wia nouch Mitternocht der Huaber recht kniawoach zuwigwoglt is za sein Haus, siacht er in Moundliacht a broate Ke'nscholnstroßn, die ba der Mizzi ihrn Fenster oungfoungt hot. Hiatz wor 's Dunnerwetter lous: „Za mein Diandl, mein oazign Kind, a Ke'nscholnstroßn ...", hot er immer wieder gschrian, sou laut er mit seiner hoaserign Stimm nou mögn hot. Wou s' hingeht, hot er nou wölln wissn und is nouch die raschelnden Scholn furtgschlichn. Er hot ober nit loung geih' brauchn, wal dos Straßl ba sein Wirtschoftsgebäude, vor da Tür zan Knechtstüberl, wou der Franzl, sei' Roußknecht, glegn is, schua wieder aufghört hot. Hiatz wor 's gounz gfahlt: „Mei Diandl in 'n Knecht vernorrt! ... Der muaß aus 'n Haus!" hot er nou a poarmol schwoch ausabrocht, nocha is der Rausch stirker gwordn wia der Bauer und hot iahm derlängs hinglegt af die Ke'nscholnstroßn.

Die Bäuerin hot mit der Mizzi a Wal greint. Wia die ober gsogt hot, es war niggs wohr und sie kinnt niggs dafür, daß die Buabm sou boushoft warn und ihr a Ke'nscholnstroßn gstraht hobm, wor d' Muatter wieder guat. Wia s' nocha 'n schnorchenden Bauern einigstraft, o'zougn und ins Bett glegt hobm ghobt, hobm s' Schaufl und Besn gnoummen und die Scholn sauber zsoummkihrt. Wal s' nit af 'n Wosn, olso glei af 'n festn Houfplotz san gstraht gwesn, wor 's Zsoummputzn leicht mögli. Wia 's in der Friah liacht is gwordn, hot d' Mizzi nouamol putzt und 's letzte Scholnschplitterl aufklaubt.

„Wou is der Franzl?" hot der Bauer 'n spotn Vormitto gfrogt, wia er d' Augn aufgmocht und gmirkt hot, daß er dahoam is.

„Ockern tuat er in Greit hintn", hot die Bäuerin za Ountwort gebm.

„Er is nou immer do? Er muaß schleuni aus 'n Haus!" hot der Bauer nocha aufgschrian.

„Jo, warum denn? Er is dou a fleißiger Bua", hot d' Hausmuatter gmoant.

„Er bandelt mit der Mizzi zsoumm. Die Buabm hobm douh a Ke'nscholnstroßn gstraht heut Nocht vor d' Fenstern."

„Du bist in dein Rausch glegn vor d' Fenstern, und wenn mir dih nit einagstraft hättn, warst dafrorn daußt ba den Reif", greint sei' Weib.

Drauf is er selber schau' goungen. Wal er koa Spur va aner Ke'nscholnstroßn gfundn hot und d' Nochborn ah koane gsechn hobm, hot er selber gmoant, es hätt iahm in sein Rausch eppa glei tramt davou.

Sou is der Hausfriedn wieder erholtn bliebm. Der Franzl is später dou Jungbauer gwordn ban Huaber, wal sih die Zeitn loungsoum g'ändert hobm.

Oub die zwoa wirkli erscht dos Ke'nscholnstraßl zsoummgführt hot? Niggs woaß ma.

Der Ruangeist

Gounz a schwarer Nebl hot sih übers Hüglloúnd ausbroat' und die Berg und d' Hügl, 'n Wold und d' Felder und d' Häuser soumt die Gärtn verschluckt.

Der olte Huaber, der „höchste" Bergler oubn nebn 'n Wold, hot grod d' letztn Stoupplruabm ausgnoummen und af der Oumniwoundn d' „Erdschlapfn" va seine Schuach o'gstraft, wia der a weni koupfschwari Hiasl va der Neblwound ausa und af 'n Kirchsteig af iahm zuakemmen is.

Der Hiasl hot a kluas Gründl ghobt am oundern End va der Gmua und zwoa Kiah und a poar Farln gfuattert. Sei' Voter is Houndwerker gwesn, ba iahm hot 's dazua nit gloungt. Er wor grod nit dumm, hot ober gwiß za die selbn Leut ghört, „die 's Pulver nit derfundn hobn", wia ma ba ins sogt. 's Orbatn wor nit sei' storke Seitn, dafür is er vül af 'n Weg gwesn, und wal 's Pforrdorf mit der Post, 'n Tierorzt und die Kaufleut guate oanaholb Stund weit weg wor, hot er immer wos z' tuan ghobt. Er hot die Zeitungen ghult für die gounz Gmua, 'n Auszüglern 'n Weckn oder a poar Semmln brocht, gounze Wognteil zan Schmied und wieder zruck trogn und ah sist ollerhound Boutngäng gmocht; souweit er dazua z' brauchn wor.

„Gehst wieder ins Dorf umi, heut ba den Wetter?" hot der Huaber 'n Hias oungredt. „Hobn s' dir viel oungschofft? Kounn i dir ah nou wos auflostn?"

„Is nit sou org; i kounn schua nou wos mitbringen", sogt der Hias.

Drauf der Huaber: „I houn gestern inser Bügleisn zan Elektriker gebn, wal 's d' Muatter a poarmol grissn hot ban Bügln. Woaßt, es is nouh oans va die oltn, ba die die Kablschnur fest oungmocht is ban Eisn. Geh sei sou guat, schau hin, oubs firti is!"

„Jo, jo, frali bring i 's mit, wenn 's na firti is", hot der Hias eifri zuagstimmt.

Der Huaber, den – oubwuhl er schou siebzg wor – der Spitzbua nou immer aus d' Augn gschaut hot, hot seine Mundwinkln a weni schelmisch verzougn, oft hot er recht feierli oungfoung:

„Du, Hiasl! I gengert an deiner Stell heut holt nit mehr übri ins Dorf. Hiatz is 's gwiß schua holba vieri; fünf Viertlstundn host nouh zan geih', bis d' hinkimmst, nocha holtst dih ba jedn Gschäft a weni auf, und bis d' zruck uma kimmst zan Wold, is 's stouckdunkl. Der Nebl mocht heut jo sou finster, daß d' nit d' Hound vor d' Augn gsiachst. Nocha muaßt a gounze Stund durch 'n Wold geih'. Und wos 's Schlimmere is, du muaßt ba der rotn Kopelln vabei, do oubm mittn in Wold drei'. Durt hot der Ruangeist schua oamol gounz grausli zuaghaut. Host nia wos ghört va derer Gschicht?"

„Mei Muatter hot ma wuhl wos dazählt davou, damirkt houn i mir 's nit. I bin ober schua za jeder Nochtzeit ba der rotn Kopelln vabeigoungen, wenn i houn die Glaubahnl ghult oder 'n Doukter oder gor 'n Pforrer; nia houn i wos ghört oder gsechn", moant der Hiasl.

„Dos glaub i dir schua", redt der Huaber recht e'nst weiter. „Ober heut is der Ormenseelntog, und wenn va sechs bis siebn die Glouckn läutn, san nämli die Geister heraußn; die bösn natürli. A jeder hot sein Plotz, wou er sih aufholtn derf, und do oubm ba der rotn Kopelln sull der Ruangeist af die wortn, die nia 'n Ruan gsechn bei ihre Gründ. Mei Voter hot ouft dazählt, der olte Pelzmounn, der af der Keuschn is drauf gwesn, die der Dornfried später zuwikaft hot, war sou a Ruanschinder gwesn. Er hätt olliwal übrigmaht, d' Streu übrergrecht, d' Viecher umigholtn, Fuatterwoaz o'gschnittn ba d' oundern Felder, und ollerhound sou Sochn gmocht. Do war er dounn amol — 'n Ochterfuchzgerjohr sull 's gwesn sei', olsa grod vor hundert Johr — 'n Ormenseelntog, wia die Glockn gläut' hobm, am Hoamweg ba der rotn Kopelln vabeikemmen. Wia er ba derselbm goungen war, hätt er a Watschn kriagt, und nocha hätt a Knüppl sou loung af sein Ruckn lousgschlogn, bis er van Wold heraußn wor. Er war glafn, wos seine loungen Haxn hergebn hättn, ober ghulfn hätt 's niggs. Gsechn hätt er niamd. Mei Muatter hot zan dazähln gwißt, daß ma d' fünf Finger hätt kennt af seiner Woungen, und der Rouck war gounz braungstreift gwesn, wia er ba insern Haus völli daschöpft einikemmen war; der Geist miaßt 'n gliachtenen Knüppl ghobt hobm. Ober gmirkt hätt er sih 's, der Pelzmounn, 's Ruanschindn und 's Feldschmoroutzn hätt er sein lossn. Lous amol, Hiasl! Wenn dos wohr is, wos d' oltn Leut immer gsogt hobn, daß ba die Geister hundert Johr nit mehr geltn ols wia ba ins oans, selm war justament heut der Ruangeist oubn ba der rotn Kopelln. Geh na hiatz und schau dazua, daß d' nouh vor sechsi durt vabeikimmst. Dir mocht er eigentli sou niggs. Du bist jo koa Ruanschinder; holt jo."

Gounz still hot sih der Hiasl af 'n Weg gmocht.

Ban Ruabmführn hot der Huaber za sein Weib gsogt: „Der Hiasl is vabeigoungen. I houn iahm oungschofft, er sull inser Bügleisn mitbringen. Der wird heut glei wieder do sei', wal i iahm die Gschicht van Ruangeist do oubm ba der rotn Kopelln dazählt houn."

D' Huaberin greint: „Du bist ober boushoft, der fiacht

sih z' Tod. Er hot jo gounz a schlechts Gwissn. I muan, der maht schua mehr Fuatter ba d' fremdn Gründ zsoumm ols ba sein oagnen. Is ah gor nit ounderscht denkbor. Wia kinnt er sist zwoa Kiah fuattern va sein Gründl? Dos is jo nit viel größer ols a Housenboudnfleck!"

Sou ali wia domols hot 's der Hiasl nouh nia ghobt. Die Zeitungen san ungschauter 'n Roucksäckl verschwundn, ban Bäck hot er zwei' Ollerhalignstriezl für die Thierbäuerin ghult, und ban Kaufmounn hobm s' iahm a großes Packl für die Schouberin 'n Rucksock einigsteckt. Zletzt hot er ban Elektriker zuwigfrogt, oub der Huaberin ihr Bügleisn firti war.

„Kounnst 's schua mitnehmen", hot der Moaster gsogt. „Brauchst dein Rucksock nit obanehmen, i steck dir 's glei eini . . . Oje, der is jo wia a Schweizerkas, sou vull Louch. Sou a Bügleisn is wia a Fisch, es rutscht bold durch. Mocht niggs, holt na a weni still, i wir 's schua mochn, daß d' 's ah sicher hinbringst zan Huaber."

Sougor af sei' „Stamperl" ban Kirchnwirt hot er verzicht und sih schleuni af 'n Hoamweg gmocht.

Wia der Huaber nocha am Obnd ban Brunn gstoundn is und Wosser für die Kiah ghult hot, hobm die Glouckn zan läutn oungfoungt. Va drei Kirchn hot er s' ghört do heroubm, oamol lauter va der oan, oft wieder va der oundern Seitn; wia wenn s' irgendwou in oaner fremdn, unbekounntn Welt schwebatn. A weni tiafsinni und mit die Gedonkn ba seine versturbnen Oungehörign, hot er loung einigloust in die unhoamliche, finstere Neblnocht. Af 'n Hias und die Geistergschicht hot er schua wieder vergessn.

Kam wor er ober wieder in Stoll, hot d' Huaberin ba der Tür einigschrian: „Kimm schnell! Weit oubm 'n Wold schreit wer um Hülf."

Oll zwoa san s' hiatz a loungs Stückl nouch 'n Weg aufigoungen. Gach hörn s' wieder 'n Schrei, dounn nouamol, schua deutlicher: „Au! Los mih aus!“

„Olle guatn Geister!“ jammert d' Huaberin. „Dos is jo der Hiasl! Wird dou nit eppa wirkli der Ruangeist . . .? I houn olliwal denkt, 'n Pelzmounn, den oltn Ruanschinder, hobm domols d' Nochborn obaprüglt, hiatz glaub i 's schua selber, daß . . .“

D' Huaberin hot nit firtiredn kinnen, wal s' hiatz gleichweg jammern hobm ghört: „Au! Auweh! I houn eh glei a bisserl umigmaht. Au! Auweh! Loß aus! Oan Meter. Au! Loß aus! Eppa zwoa oder drei. Au! Auweh! I tuas nit mehr. Au! Auweh! Loß aus! 'n Ruanstoa setz i wieder zruck. Au! Auweh! Hülf! Hülfeee! Au! Au!“

„Wern dou nit eppa d' Nochborn 'n Spoaß mit 'n Hiasl mochn? Olls wos recht is, dos is ober z' vül; i muaß 'n entgegngeih'“, muant der Huaber.

D' Huaberin zittert 'n gounzn Körper; sie hängt fest ban Rouckirml va ihr Mounn und jammert: „Dos san nit d' Nochborn. Bleib do, i miaßt sist sterbm va lauter fiachtn. Er kimmt eh schua bold ausa van Wold. Geh ma zruck obi zan Haus, moch ma die Tür auf und scholt ma d' Houfloumpn ein, daß er herfind za ins.“

Kaum is dos gschechn gwesn, hobm s' iahm ah schua lafn ghört, und gounz hoaser hot er nou gwinslt: „I bitt, loß aus! Au! Auweh!“ Glei drauf is er van Wold ausakemmen und wia der Sturmwind nouch 'n Houng obagsaust. Durt is er 'n Liacht und der ouffnen Tür zuaglafn, über 'n Türstouck gstulpert und derlängs einigfolln ins Vorhaus. Dos hot grumpelt und pultert, ols wenn a poar Rouß af 'n Boudn tretn tatn.

„Geist, weiche aus meiner Nähe!“ hot d' Huaberin recht feierli ausgruafn und sih ban Rouckzipfl va ihrn Mounn festklommert, wia s' ins Haus eini san.

Do is er hiatz glegn, der Hiasl, mit 'n Gsicht af 'n Fuaßboudn, 'n Rucksock af 'n Buckl, und in 'n Obstound vor iahm hot 's Bügleisn glounzt. Der Elektriker hot 's mit 'n Oad van Kabl ban Verschlußring van Rucksock festbundn, damit 's der Hias nit verliasn sull kinnen interwegs. Af 'n Hoamweg is 's nocha wirkli ba oan Louch durch 'n schodhoftn Rucksock ausigschlupft und hot 'n Hiasl af d' Haxn gschlogn. Der Huaber hot 's lousbandlt, hot sein Huat wieder a weni spitzbiabisch hintrigschoubn, und oft hot er sein Weib oungschofft:

„Hiatz nahst schnell ban Rucksock dos Louch zua, wou 's Bügleisn ausigschloufn is. Ba die vüln Fleck, die schua oubn san, wird 's nit auffolln, wenn hiatz um oan mehr is."

„Wos is 'n mit 'n Hiasl?" hot zerscht d' Huaberin wissn wulln.

„Der is ouhnmachti wordn, er wird sih schua wieder dofoungen", hot er za Ountwort gebn und 'n Hiasl in der Stubn drei' auf 'n Diwan glegt. Durt hot er iahm d' Housn obazougn, in die der Spitz van Bügleisn nit weni Löcher gschlogn hot. Inzwischn is d' Huaberin mit 'n Verbondzeug daherkemmen. D' Haxn san wuhl gounz blau gschlogn gwesn, ober ouffne Wundn hot s' nit vül behoundln brauchn.

Der Huaber hot 'n Schürhokn gliachti gmocht und ba jedn Louch in der Housn a weni nochibrennt. Nocha hot er s' iahm wieder ounzougn. Wia s' iahm a poarmol eingriebn und an etli Essiumschläg gmocht hobm, hot der Hiasl wieder loungsoum d' Augn auftoun. Sei' erschte Red wor: „I dounk enk fürs Helfn. Wenn enka Tür nit war ouffn gwesn, war 's hiatz schua aus mit mir. Weiter hätt i nit mehr mögn lafn."

„Sog mir ober, hot dih wirkli der Ruangeist überghobt? Wia is 's eigentli gwesn?" frogt hiatz der Huaber 'n Hiasl.

„Jo frali hot er mih uandli übermühlt. Dos is sou hergoungen: Wia s' zan Läutn hobm oungfoungt, bin i ba der rotn Kopelln schua olliwal vorbei gwesn; nocha houn i mih niggs mehr gfiacht. Wia i nocha ban Huhlweg über dos Graberl übrigsprungen bin, hot 's mir ban Gnack 'n Riß gebn, und zgleich hot er mir in d' Fiaß einighaut, daß i fost zsoummgsunkn bin. I houn zan lafn oungfoungt, und wia mehr i glafn bin, um dos mehr hot er zuaghaut. Mir is 's holt sou virkemmen, ols wenn der Geist auf mein Rucksock oubn gsessn war, mih ban Gnack ghobt und mit 'n großn Hoummer af d' Fiaß ghaut hätt."

„Jo, jo, Hiasl, wird schua sou gwesn sei'. Daß a höllischer Geist in Spül wor, dos kennt ma ba deiner Housn, wal d' Louch oll ounbrennt san, die er gschlogn hot. Die gounze Stubm stinkt va deine verbrenntn Fetzn; riachst es nit?"

„Wuhl, wuhl, i schmecks eh. Jo, frali is der Hoummer gliachti gwesn, hot jo ollimol sou grausli brennt, wenn er hinghaut hot", hot er gjammert, der Hiasl, und mit oll zwoa Händ nouch seine Schenkl und Wadl griffn.

Der Huaber hot iahm af d' Schulter kloupft und gmuant: „Sei froh, daß d' iahm nouhmol auskemmen bist, 'n Ruangeist. Deine Wundn hot mei Weib schua verbundn. Trinkst hiatz a Stamperl, und oft gehst schei' loungsoum wieder hoam; hiatz is koa Gfohr mehr. 's Bügleisn steht eh schua af 'n Tisch; do nimm 'n Trogerlouhn!"

Der Hiasl hot 's Geld 'n Housnsäckl gsteckt, 'n Rucksock wieder af 'n Buckl gnoummen und sih krumbhaxert af 'n Weg gmocht. Ban Furtgeih' hot er noumol gsogt: „I dounk vülmols fürs Helfn."

„Niggs zan dounken", hot drauf der Huaber gmuant, und a weni stiller za sein Weib: „Wenn 's na nit umsist is gwesn!"

Umsist is 's wirkli nit gwesn. Oa Wochn hot ma 'n Hiasl nit gsechn, ober 's Ruanschindn hot er va selbm oun sei' lossn.

Wia 's domols in der Ormenseelnnocht wirkli hergoungen is, dos hot er nia dafrogt.

Wos der Flurl valo'n hot

Da Schnelleri is er sei' Lebtog nit gwesn, der Flurl, ober in die zehn Jahrln, die er ba der Grobnbäuerin Ouchsnknecht wor, is er nouh a weni gstader gwordn.

Hot iahm wer gfrogt, oub er sih za die Ouchsn zuwigweihnt hot, oder d' Ouchsn za iahm, do hot er gmuant: „Wos hilft dos Draunblejttern, do wird ma grod schwitzi, und dos is für d' Leut nit guat und fürs Viech ah nit."

Wenn er hinter 'n Pflua is goungen, hot ma sih in da Weit 'n festn Punkt miaßn mirkn, sist hot ma nit dakennt, oub er just rost oder nouh ockert. Af der Oumniwoundn hot er ah miaßn a weni ounholtn nouch 'n Wendn; die Pfeifn is jedsmol wieder frisch zan ounhoazn gwesn, wal er nouch der Bar ausi va lauter Gnäd afs Ziachn vergessn hot. Is er nit glei z' tuan kemmen, wal öfter a Tröpferl is einigfolln oubn, do hobm sih d' Ouchsn a Randl niederglegt derwal.

Is er mit 'n Wogn zan Greitocker ausagfohrn, do is ban Woldeck zerscht da Pfeifnkoupf virakemman, nocha 's Mittlstückl va sein Gsicht, oft a gspitzter Huat, ba den a graupater Hoarschüpl viragschaut hot, und nouch 'n Peitschnstiel, der hintn ba der Iaxn ausigstoundn is, wor dounn a Wal niggs. Nouch oana Zeit hobm sih d' loungen Ghirn und d' Ouchsnschädl viragschoubn, und wer Zeit hot ghobt zan Wortn, hot nouh gsechn kinnen, wos af 'n Wogn oubn is und daß der gounze Zug mit der Lounkwiedn aufhört. Sou loung der Flurl 'n Wogn nochiklachln hot ghört hinter iahm, is er voraus furtgstiegn. Is 's still gwordn hintn, is er steih'bliebm und hot gsogt: „Hia!" Hot er nouh niggs ghört, hot er nouhamol gruafn: „Hia nocha! Zan Teigl eini!" Nocha hots wieder greichsnt hinter iahm, und der Flurl hot ah wieder zan geih' oungfoung; ober umgschaut – umgschaut hot er nia. Mit 'n Koupf alloan is 's iahm hort ounkemmen, wal er sou viel staar is gwesn ban Gnack, und 's Umdrahn, dos war a Orbat umasist, hot er gmuant.

Wia er wieder amol af d' Stroßn kimmt, wou er drüber hot miaßn, trifft er mit 'n Briaftroger, 'n oltn Fölsterl, zsoumm.

„Bist schou wieder fleißi, Flurl!" schreit iahm der oun.

„Wos will ma mochn, a weni muaß ma dazuaschaun. D' oundern Bergler tuan schua die Kestn häundln, und mir hobm 'n Türkischwoaz nouh nit ounbaut. Ober wos hilft 'n dos Hudln, Schnee gschauflt hobm mir nouh olliwal zgleich."

„Wos führst 'n heut, Flurl, wals d' glei zwoa Kipfn und gor kua Lod oubn host af 'n Wogn?"

„Kua Lod, und glei zwoa Kipfn?" sogt da Flurl aufbrocht nochi. „I houn douh a schwari Fuhr Mist aufgfoßt."

„A sou? Schaust holt selber, wos d' oubn host af 'n Wogn."

Oll zwei' schaun s' hiatz nouch 'n Weg zruck, und richti wohr, hintn ba der Reit liegt der Mist mitsoumt der Wognlod.

„Do hots 's leicht überdraht, d' Mistfuhr, hintn ba der Reit, und du host 's gor nit wohrgnoummen?" frogt der Fölsterl a weni spöttisch.

„Muaß krat sou gwesn sei', hot jo gor sou greichsnt hintn ba der Schölchn", muant da Flurl – und wend't schei' loungsoum wieder um.

D’ Housn

Er is schua völli ochtzg gwesn, der Ähnl, hot nit mehr leicht ghört und ah schlecht gsechn, wor ober sist nou recht guat banounder, wenn iahm nit grod die Gicht gjuckt und zwida gmocht hot.

Af d’ Weit is er nit mehr goungen, dafür hot er olliwal miaßn af die Kinder schaun, wenn d’ oundern af ’n Feld gorbat’ hobm.

Do hot er amol nouch ’n Mittomolessn ’s Kloane, dos nou in Wagerl glegn is, in Schlof ghutscht, is ober dabei selber schei’ loungsoum eingschlofn in sein Rohrstuhl drei’.

Die zwoa größern Kinder, der Sepperl und d’ Nanerl, hobm vor iahm af ’n Schouml gspült. ’s Diandl wird fünf Johr olt sei’ gwesn, und ’s Biabl wor um oa Johr jünger; worn ober oll zwoa gleich groß, wal der Bua a weni schneller gwochsn is. Wia s’ gmirkt hobm, daß sih der Ähnl schua einwendi ounschaut, hot ’s Diandl ’n Buabm wos ins Ohrwaschl einigwischplt, nocha hobm sie sih schei’ stüll ausigschlichn ba der Tür. Daußt in der Reflkoummer hot der Bua d’ Housn, ’s Jankerl und ’s Kapperl hergebm und der Nanerl ihr Kloadl ounlegn und ihr Hauberl aufsetzn miaßn. ’s Diandl hot ’n Buabm sei’ Gwandl ounglegt, sei’ Kapperl aufgsetzt, und oft hobm sie sih wieder schei’ gstad hingsetzt af ihr Schamerl. Sie war neugieri, hot s’ gsogt, die kloa Nani, zan Sepperl, oub ’s der Ähnl kennt, wenn er munter wird, wer va ins zwoa der Bua und wer ’s Diandl is. Wal s’ ober gor nit mehr dawortn hobm kinnen, bis er d’

Augn aufgmocht hot, hot der Sepperl ah schua sein Burrer louslossn.

Der Ähnl hot 'n Koupf af d' Höch grissn, oft hot er greint: „Kinnts oan nit a bisserl rostn lossn, Frotzn ah!"

Die Kinder hobm sih wieder af ihr Platzerl gsetzt und a weni glocht.

„Kuderts eppa nou, wenn ma wos sogt!" hot hiatz der Ähnl nou grantiger aufgschrian.

Hiatz hobm sie sih gegnseiti oungschaut, die zwoa, 's Diandl hot wieder tuschelt, „er kennt ins nit vanouna", oft hobm s' nou mehr glocht. Do is iahm ober die Geduld ausgoungen, 'n Ähnl, er hot 's Diandl, wal 's znächst greifbor wor – in Wirklichkeit wor 's der Bua –, gnoummen ban Kloadl und 'n Hintern oandliauskloupft.

's Diandl is dawal ausigrennt ba der Tür in ihrn Buabmgwandl.

Glei drauf hot der Bua ah nochigreahrt. Wia er daußt in der Zeugkoummer wieder a bisserl Luft kriagt hot, hot er gschnoupazt: „Her mit mei Housn; nia gib i s' mehr her!"

Nocha hobms iahnere Sochn wieder gleichtauscht, und der Sepperl hot nouamol zan triatschn oungfoungt, wal 's souvül brennt hot hintn ban Housnaufiziagn.

Wia s' zruckeinikemmen san, hot der Ähnl gsogt: „Geh na her, Bua, hiatz kriagst du 's, walst furtgrennt bist; du bist gleich schuld wia 's Diandl." Und wal er denkt hot, a Bua holt mehr aus wia a Diandl, hot er nou mehr zuaghaut.

Af die Oat is 's Biabl zwoamol drounkemmen – und 's Diandl gor nit.

Wia d' Muatter is van Feld hoamkemmen, hot ihr der Sepperl glei dazöhlt, wos iahm possiert is.

„Sou is schua recht", hot d' Muatter gsogt, „zwoamol gnaht holt besser; bist sou gwiß du der Ounführer gwesn, dir follt jo nia wos Gscheits ein!"

Dawal is der Voter hint ba der Fuatterkoummer mit a Fuhr Klee zuwigfohn. Schnell is er zruckgrennt, der Sepperl, und hot iahm sei' Load klogt. Und er war gor nit der Ounführer gwesn, hot er iahm vorgjammert, d' Nanerl hätt iahm oungschofft, er miaßt d' Housn hergebm.

Der Voter hot amol gseufzt, oft hot er gmoant: „Jo, jo, mei Biabl, es is schua sou in Lebm, wirst schua nou dahinterkemmen, oub inseroaner d' Housn oder Kittl ounhot, dos bleibt sih gleich, 'n kürzern ziacht ma immer."

„Ober, i gib holt mei Housn nit mehr her; nia mehr!" hot der Sepperl wieder triatscht.

„Houffentli", hot drauf der Voter wieder gsogt und nou a poarmol gseufzt.

Vül später, wia aus den Sepperl schua loung a Seppl is gwordn und wia er nocha gheirat' hot, hot er 's dou miaßn hergebn, d' Housn!

Ba jedn Haus gült der Brauch nit

's Neujohrgeignen is ba ins moncherorts nou olliwal Brauch. Wegn den oltn Brauch gehn s' zwor eh nit, d' Musikantn, va Haus z' Haus, und wegn 'n Glückbringen ah nit, wal s' dos olls selber gern möchtn, wos d' oundern Leut wünschn. Sei' tuan 's die Zwoanzger, die d' Leut 'n Ältern unter iahna 'n Roucksäckl einischiabm und die dos Neujohrspüln weiter daholtn. Ba die größern Häuser kriagn s' ouft gor 'n Fuchzger, und die Gschäftsleut greifn mounchsmol nou tiafer eini ins Geldladl; die huln sih ihr Geld nocha eh wieder bakloa zruck.

Wal s' in der kurzn Zeit van Stephanitog bis zan Silvester nit ba jedn Haus spüln kinntn und koa Famülie ouhne Neujohrswunsch bleibm sullt, besser gsogt, wal d' Musikantn ba jedn Haus wos einsteckn möchtn, talt sih die Ortskopelln in zwoa oder drei Gruppn auf. Wie 's nocha kling, dos is dabei nit sou wichtig; nouch den guatn Trunk, den d' Spülleut überoll kriagn, stimmt 's souwiasou nit mehr gounz genau.

Der Seppl, a recht tüchtiger, nou ziemli jung verheirater Klarinettbloser, is ba oaner Gruppn zuatalt, die nit ba sein Bergzug spült. Wia er oast obnds mit sein Instrument hoamkimmt, trogt iahm der kloane Franzerl, der desmol wegn 'n Dazöhln nit ehnda schlofn goungen is, d' Neuigkeit schua ba der Tür entgegn, daß ba iahna heut ah d' Neujohrgeigner do gwesn warn; ober er, der Voter, war nit dabei gwesn, 's Klarinett hätt a ounderer blosn.

„Jo, dos is der lounge Maxl gwesn“, klärt der Seppl sein Kloan auf, der ah amol Musikant werdn will.

Und wer die mit die kloan, gelbn Instrumenter warn gwesn, wüll der Franzerl wissn.

„Dos wor der Friedl mit ’n Flüglhorn und der Touni mit der Trompetn“, tuat der Seppl recht fochmännisch wichti, wal er, wia meist nouch sou ’n Spültog, ah a weni „guat aufglegt“ is.

Dos Frogn und Ountwortgebn geht nou a Wal weiter, der Seppl muaß sein Biabl jeds Instrument erklärn, und gach platzt der Kloane ausa: „Wia hoaßt ’n oft dos große Instrument, dos der Saubartl mit sein Schnauzbort blosn hot?“

„Dos wird der Hansl mit ’n Boß sei’ gwesn“, moant der Voter. „Ober warum sogst ’n Saubartl? Er hot eh ’n nettn Schnurbort, der Hansl.“

„Woaßt, Voter“, sogt drauf der kloane Franzerl recht gschafti, „wia d’ oundern schua oll daußt san gwesn, is der mit ’n Bort nouamol zruckeina kemmen, nocha hot er d’ Muatter hinter die Tür umizougn und oft hot er s’ — o’gleckt ban Mund. D’ Muatter hot nocha gsogt: ‚Schau daß d’ weiterkimmst, du Saubartl, mit dein Schnauzbort, dein schiachn!‘“

Und neugieri, wia er schua is, der Franzerl, frogt er glei weiter: „Ghört dos ah zan Neujohrwünschn? Hobt ’s ba enka Partie ah ’n Saubartl dabei?“

„Na, na!“ sogt drauf der Seppl, „ba jedn Haus gült der Brauch nit.“

Der Rennfohrer

Dos wor in der Zeit va 1916 bis 1920 – in der zweitn Hälfte van Erschtn Weltkria' und a poar Jahrln danoch –, wie 's ouft wouchenloung ba koan Bäck a Brot gebn hot und Saueroumpfer und Broumbirblattln ols Zuaspeis af 'n Tisch kemmen san; selm san die erstn Fohrradln auftaucht ba ins in der Oanschicht.

Gebn hots as frali schua früherer, d' Fohrradln, ober za ins hobm s' erscht domols d' Stodtleut – die in derer Hungerzeit recht dünn san gwesn – ausabrocht und dafür a Sackerl Griaß oder Mehl, 'n Kübl Schmolz oder 'n Schinkn Gselchts eintauscht. Um 's Geld, dos schua jede Wouchn um die Hälfte weniger wert is gwordn, hot ma s' nit z' kafn kriagt.

Der Nazl, der Bua va der Krautwaschlin, die in der Hirbi is gwesn 'n Ziaglweber sein Kellerstöckl drei', der hot sih frali kua so a Fohrradl einhamstern kinnen, wal d' Hirbisbauern niggs zan tauschn hobm ghobt und grod sou schmol hobm miaßn obabeißn wia d' Stodtleut.

Wal er ober a gschickter Bastler is gwesn, der Nazl, hot er sih selber sou a Fohrzeug zsoummbaut. 'n Rouhmen hot er aus Hulz gmocht, und d' Radln hot er va an oltn Pfluagretter obagnoummen und dazua verwendt. Ountrieb hot 's frali koan ghobt, war ah vül z' schwar zan tretn gwesn, ober 'n Sitz hot er aufigmocht, und lenkn hot ma 's ah kinnen.

Sunntogs noumitto san ma nocha oll zsoummkemmen, die Buam va die Berg umadum, und oft san ma holt gfohrn, obwechslnd oaner nouch 'n oundern. Zwei' hobn 's Fohrradl gholtn, dawal sih oaner aufigsetzt hot. Nocha hobm ma a bisserl oungschoubm, und lusti is 's obiglafn über 'n Riegl. Wenn 's z' schnell goungen is, hot ma sougor einschleifn kinnen mit 'n Fuaßknüppl, und weiter intn, wou 's ebn gwesn is, is alloa steih'bliebn. Hot ma zvül Schwung ghobt, hot zan Stillholtn der große Strohschouber herholtn miaßn, der durt af den ebnen Platzl gstoundn is. Weiter wia bis durt hobm ma ins nit traut fohrn, wal dos Bergstückl van Strohschouber bis obi zan Bauernhaus vül z' stal is gwesn. Meistens san ma eh nit kemmen bis zan Strohschouber, wal ma schua ehnda umpurzlt san; mei', dos is nocha immer a Gaudi und a Glachter gwesn!

Wer nit gfohrn is, is hintn nochiglafn, wal ma bergauf oll fest ounschiabm hobm miaßn, daß ma dos schwari Hulzgretter wieder hobm zruck aufi brocht af d' Höch.

Sou hobm ma ins durt vül Sunntinoumitto lusti interholtn, bis 'n Nazl sei' hülzigs Fohrradl gach amol za kloane Stückln zsoummbrouchn is.

Dos is sou gwesn: Oubn af der Schneid hobm sih d' Nochborsdirndln hingsetzt ghobt und ins fleißi ausglocht, wenn oaner 'n Purzlbam gmocht hot af der Oumniwoundn oder oaner mit Schwung sou weit 'n Strohschouber einigfohrn is, daß van Buam niggs mehr ausagschaut hot wia d' Haxn.

Do is der Kraxner Gustl daherkemmen; nit eppa deswegn, wal er mit ins radlfohrn hot wölln — der Gustl is schua ban Militär gwesn und hot nit mehr mit die kloan Buabm gspült —, wuhl ober, wal die Ziaglweber Reserl ba d' oundern Diandln oubm af 'n Ockerkoupf gsessn is. Af die hot er a Aug ghobt. D' Reserl hot nit vül wissn wölln van Gustl, wal er sou groß toun und vül gredt hot, ober nali van drittn Lehrplotz ausigflougn is.

„Fohr amol, Gustl, mit 'n Hulzradl! I war neugieri, wia

weits d' obikimmst, bis d' umfollst", hot d' Reserl den Großn aufgfordert.

„Wos? I umfolln? Dos gibt 's nit!" hot drauf der Bua recht prohlerisch gmuant. „I wir' douh radlfohrn kinnen!"

Oft hot er um 'n Lenker griffn, is a Stückl ounglafn, und nocha is er mit Schwung obigradlt nouch der Oumniwoundn. Dos hot greichsnt und quiatscht, und wia 's den Gustl beutlt hot oubn af den Hulzgstell mit d' eisnbschlogn' Radln, dos kounn ma nit dazähln; souwos muaß ma gsechn hobm!

„Einschleifn! Einschleifn!" hot der Nazl immer hintn nochigruafn, sou laut er hot kinnen, va lauter Oungst, sei' Fohrgstell kinnt jedn Augnblick zsoummbrechn. Ober der Gustl hot nit bremst, er is ah nit zan Strohschouber zuwigfohrn. Er is vabeigradlt, obigfohrn über die stali Gstettn, und int schnurgrod zuwi za der zimmertn Hauswound, wou der Ziaglweber inter 'n weit ausibroatn Strohdoch seine Beinlkörb hot aufgstellt ghobt.

Mei', do hot 's pumpert und krocht, und die Splitter san gflougn!

Zerscht hot der Gustl zuwituscht za der Haustür, nocha san d' Sumper — a Dutzend san gwiß gwesn — obikullert va der umgführtn Beinlbounk und ah zuwigrullt zan Buam, wal durt a tiafere Stell is gwesn.

Glei drauf hot ma van Gustl nit mehr vül gsechn; a große Beinlwulkn is um iahm umadum af d' Höch goungen. Der hot gstroumpelt und umadumgschlogn mitn inter die Beinlkörb drei', und dabei gschrian, wia wenn er af an Spiaß steckert.

„Jesas Maria!" hot die Ziaglweberin aufgschrian, wia s' nouch den „Tuscher" d' Haustür aufmochn hot wolln. Nocha hot sie sih a poarmol übers Gsicht gschlogn und die Tür schnell wieder zuaghaut.

Der Bauer is za aner kloan Rost intn ban Brunnbankerl gsessn und hot sih die Pfeifn schmeckn lossn. Den hot 's a poar groube Wörter aufagstessn, wia er dos Malheur gsechn hot. Nocha is er loungsoum und vorsichti zuwigoungen, hot 'n Buam gnoummen ban Rouckkrogn und is mit iahm wieder zruck obi zan Hengstbrunn. Dout hot er iahm 'n Kübl Wosser über 'n krebsrotn Schädl gschütt', und wia er gsechn hot, daß iahm sunst niggs fahlt, ols daß er über und über vull Stochln is, hot er 'n nit gor sou sachti zruckobigjogt über 'n Riegl.

Gegn af d' Nocht hot der Ziaglweber wieder neugi Pflöck eingschlogn, die Bounk aufgricht und seine Beinlkörb schön in oaner Reih draufgstellt. Af jedn Sumper hot er wieder a Strohhiatl und 'n oltn Foßroaf drauftoun.

D' Splitter van Hulzradl hot d' Reserl weggramt. Dabei hot s' a weni gschmunzlt und za ihr selber gsogt: „I denk, va den bin i dalöst!"

Und sou is 's ah kemmen: Der Kraxner Gustl hot sih nia mehr ounschau lossn ban Ziaglweber, und wenn er wieder amol recht prohlt und aufgschnittn hot, hobm s' iahm gfrogt, wia 's 'n selm goungen war, wia er wegn der Ziaglweber Reserl renngfohrn is.

Oft is er still gwordn.

D' Silbervögl

Erscht recht spot, wia 's ban Zweitn Weltkria' schua hort af hort goungen is und d' letztn Mandln san zsoummgsuacht gwordn, hot er za die Soldotn miaßn, der Hiasbauer va der Sengolm, wal s' iahm wegn sein Herzfahler, den er schua ba der Geburt mitkriagt hot, ba der Musterung a schlechte Noutn einigschriebm hobm in sein Wehrpoß.

Ebm wegn den fahlgrotnen Herzmuschkl, und ah destwegn, wal er a recht hells Köpfl hot ghobt, hobm s' iahm schua ols Buabm va der Dorfschul weg in d' Stodt einigsteckt in a höhere Schul. Für 'n Bauern war er sou nit z' brauchn, der Hias, hot er gmoant, sei' Voter, za 'n Gstudiertn kinnt er eppa nou guat gnua sein.

Später is erscht wieder ounderscht kemmen. Wia s' 'n Votern hobm ausigführt nouch 'n Grobm und d' Schwester ah nit grotn is für a Bäuerin, hot er douh wieder miaßn d' Riam und in Pflua übernehmen und Haus und Houf, die stücklerte Leitn und 'n Bergwold mit der Sengolm.

Hiatz hot er holt nouamol obamiaßn, der Hias, va seiner luftign Höch, und wieder eini in d' Stodt in a großes Haus, dos desmol a Kasern is gwesn. Ober dout wor er nit loung; dos Umaspringen af der „Schinderwiesn" hot sei' Herz nit vertrogn.

Wia s' iahm gfrogt hobm, wos er kounn, hot er seine Schulzeugnissn herzoag. Nocha hobm s' iahm glei ausigsteckt za 'n großn Fliegerhorst, wou ba oan „Haufn" der Rechnungsführer gfahlt hot. Später hot er in aner Woffnkoummer sein Diast gmocht und is zan Schluß ols Furier ba die Flieger im selm Horst vabliebm.

Sei' „Olter“, der Ouberleutnount, a recht schmächtiger, neubochener Rechtsounwolt va Berlin, hot glei ausagfundn, daß er überoll auswoaß, der Hias, und hot sih va iahm ouft 'n gscheitn Rat ghult. Ma kinnt fost sogn, er hot sih an iahm ounkloummert wia der Suhn an sein Votern, wenn er ba die Fliegeroungriff nit mehr hintri und viri gwißt hot. Ober oamol is er übers Kreuz kemmen, der Hias, mit sein Oltn, der a weni gachzurni wor.

Bevor i dos dazöhl, muaß nou gsogt werdn, daß d' Soldotn, die za da Luftwoffn ghört hobm, Odlerschwingen drauf ghobt hobm ols Roungobzeichn af ihre Krognspiagl, und zwoar oane bis drei, je nouch 'n Diastgrad. D' „Loundser“ hobm s' „Vögl“ gnennt, und wenn a Gfreiter is Oubergfreiter gwordn, hot ma oafoch gsogt: „Er hot a schua sein zweitn Vougl.“ 's gleiche hobm sie sih zuagwischpelt, wenn a Leutnount is Ouberleutnount gwordn.

Für die Unteroffiziere und d' Soldotn worn s' aus Blech, die Vögl ols Roungobzeichn, kloa und recht moger. D' Offiziere hobm viel größere und dickere trogn, aus Silber mit helln Glounz und weit ausibroate Schwingen.

Wia 's zan Krach zwischn 'n Oltn und 'n Furier kemmen is?

Dawal oubm oa Fliegerstaffl nouch der oundern übrigrauscht is und die schwarn „Brouckn“ obagfolln san, is der Hias in Furierbunker gsessn und hot die Koltverpflegung auftalt. Gach läut' 's Telephon: Die Kuchl war wieder ausgfolln, ruaft der Hauptfurier ban oundern Oad eini. Der Hias miaßt für sein „Haufn“ nouamol Koltverpflegung huln und zwoafoche Purtionen ausgebm; ober schnell, es miaßt 's Hauptloger verlegt werdn, wal 's a Louch hätt kriagt in der Wound.

Der Hias wirft d' Jutesäck über d' Schulter und rennt ausi und, wal er d' Feindstaffel schua va hintn siacht, glei in Richtung zan Hauptloger weiter. Do bemirkt er 'n Ouberleutnount sei' Fohrradl nebn 'n Schutthaufn steih'. „Ach wos, verboutn oder nit!" denkt er sih, siacht's sou niamd, wal s' eh oll in Bunker steckn, und schwingt sih afs Radl.

Wia er mit die gfülltn Säck wieder zruckschiabt, is Entwornung, und in selbm Augnblick is der gounze Horst wieder vuller Lebm. Ah sei' Chef war gern weggfohrn, hot ober sei' Radl nit gfundn. Nervös is er va oan Schutthaufn zan oundern und um an jedn Mauerrest umadumgsprungen, und wia der Hias vor 'n Furierbunker grod seine Säck o'laart, steht er mit rotn Koupf und zurningn Gschau vor iahm.

Der Hias hot sih grod gstellt, hot wölln aufklärn, is ober nit dazuakemmen, wal der Olte schua gschrian hot: „Was fällt Ihnen wohl ein? Sie können doch nicht einfach mit meinem Dienstrad davonfahren! Sie haben wohl einen Vogel, was?!"

Der Hias schlogt d' „Hokn" zsoumm, nocha sogt er gounz militärisch: „Jawohl, Herr Oberleutnant, ober glei oan, und der is nou nit gounz firtigwochsn!"

Seltn a Schodn, wou nit a Nutzn ah dabei is

„Weib, wou muaß ma dos hinschreibm, daß du heuer mit mir zan Gortnfest mitgehst?“ wundert sih der Wurzer. „Und nou dazua am Obnd stott am Noumitto. D' Lini willst ah mitnehmen?“

Ehnda, wia s' nouh jung verheirat' san gwesn, hot s' nia gfahlt, d' Wurzerin, ba den Fest, dos d' Feuerwehr olle Johr verounstolt'; is ah die oazige Interholtung, die 's gibt im Summer in ihrn oaschichtign Seitngrobm. Ober hiatz wor 's schua guate fuchzehn Jahrln her, seit s' mit ihrn Mou' 's letztemol mitgoungen is za der Tounzerei. Sie war nit mehr für dos Umahupfn, hot s' ollimol gmuant, tat eh va der Orbat miad gnua wer'n inter der Wouchn; sunntis möcht s' rostn.

Ober desmol hot s' gsogt za ihrn Mou': „I muaß wuhl wegn 'n Diandl geih', du nimmst es ah nit mit. Heuer is 's schua fünfazwoanzg. Ins Haus kimmt koaner, und sie kimmt ah ninascht hin, wia sulln denn mir nocha za 'n jungen Bergler kemmen? Mir wer'n oft amol die Oltn, nocha mögn ma 's nit mehr dakraln af inserer Gstettn.“

„Ahsou, d' Lini wüllst ausführn?“ locht der Wurzer-Bergler. „I moan holt, wenn s' bis hiatz koaner oungschaut hot, wird holt ban Gortnfest ah nit glei oaner ounbeißn. Und wenn s' eppa oaner ba der Nocht in der Finster nimmt – wenn er s' ban Liacht gsiacht, loßt er s' gern wieder aus.“

„Geh, hör auf mit 'n Gspoaßn“, gibt die Wurzerin zruck.

Es is ihr hoart gnua gwesn, daß iahna dos Diandl gor niggs nochgrotn hot. Der Wurzer hot wos gleichgschaut und wor recht rieglsoum, und za ihr hobm d' Mounnsbilder ah nouh olliwal gsogt, sie war schei'. Ober 's Diandl, dos hot gor niggs va den ghobt, wos an Buabm Gusta gmocht hätt. Wenn s' mit wen gredt hot, hot s' dreimol „Ha?" gschrian, wal s' nit glei olls verstoundn hot. Dabei hot s' mit jedn Aug wou ounderscht hingschaut. Ban Geih' hot s' d' Ferschn nit van Boudn wegghebt; völli zan dabormen is s' gwesn, d' Lini.

Dos Wirtschaftl hätt frali jeder Berglerbua gern mögn. Ah d' Wurzerleut warn nit übl und zan mitübernehmen gwesn, ober die Tochter, die hot koaner wölln; do hot jeder liaber af die Berglerwirtschoft verzicht.

Wal ober d' Wurzerin nia mehr zan o'holtn is gwesn, wenn sie sih amol wos virgnoummen hot, hot ihr der Wurzer niggs mehr dawidergredt. Am Obnd hobm s' 's Viech zeitlicher firtigmocht, und nocha hobm sie sih holt zsoummgricht fürs Fest.

In Wirt sein Oubstgortn, der ols Festplotz sauber hergricht' is gwesn, san d' Leut glei zsoummgruckt, der Krua' is fleißi umadumgoungen, und bold worn die Bergler, meistens Nochborn, oll mitanounder guat aufglegt. D' Lini is fest nebm der Muatter gsessn, und die Buabm hobn s' jedsmol übersechn, wenn s' um a Tounzerin interwegn worn.

„Du muaßt dih a weni inter d' jungen Leut mischn", hot d' Wurzerin ihrn Diandl ins Ohrwaschl einigsogt. Drauf is d' Lini in die Gäng umagstoundn, hot 'n Leutn zuagschaut, wia sie sih af 'n Tounzboudn draht und busslt hobm, ober um 'n Tounz hot s' nouh olliwal koaner gfrogt.

Wia s' grod intern Bamschottn steht und a weni vazog af die Tounzer aufischaut, greift wer um ihr Hound, und eh s' nouh dahinterkimmt, wos gmuant is, is oaner mit ihr in der stouckfinstern Nocht verschwundn . . .

Um Mitternocht hobm sih die Bergler nouchanounder zan Hoamgeih' zsoummgricht, und d' Wurzerin is ah ihr Diandl suachn goungen. Sie hot ba jedn Tisch nochgfrogt, hot 's af 'n Tounzboudn gsuacht und jeds Paarl oungschaut, dos in 'n finstern Winkl hoamlih banounder wor, ober ihr Lini wor ninascht z' findn.

„Wird douh nit eppa . . .?" hot der Wurzer grod frogn wölln, ober sei' Red is in den Rumml intergoungen, der hiatz af oamol lous wor, wal der Burgermoaster sein neugn Mercedes, mit den er einakemmen is za seine Gmualeut in d' Oaschicht, ah ninascht gfundn hot. D' Mounnsbilder hobm mit die Toschnloumpn umagleucht, und d' Schendarm, die ban Fest Diast gmocht hobm, san mit ihre Maschinen in olle Seitnweg einigfohrn, ober 'n Burgermoaster sei' Wogn is grod sou spurlous verschwundn gwesn wia der Wurzerin ihr Diandl.

An oundern Tog hobm s' schua in der Friah dos Auto af an Woldweg mittn in Ounwochs gfundn, und d' Lini hot af der umglegtn Sitzbounk sou laut gschnorcht, daß sie d' Schendarm bold nit hättn überschrein und daweckn mögn.

Der Summer is vergoungen, der Hirscht und der Winter, und wia nocha in Fruahjohr d' Vögl wieder gsungen hobm, hot ban Wurzer-Bergler a kloas Biabl gschrian in der Wiagn.

D' Wurzerin hot sih nouh olliwal obikränkt, wal s' domols 's Diandl zan Gortnfest gführt hot.

Der Wurzer hot später gredt, wia dos Biabl recht gscheit und rieglsoum is gwordn. Oft hot er za sein Weib gsogt: „Wenn ma 's nouh a zwoanzg Jahrln damochn, kemmen ah mir nou za 'n jungen Bergler; seltn a Schodn, wou nit a Nutzn ah dabei is!"

Worterklärungen

af d' Weit = zur Arbeit auf das Feld
af die Oat = auf diese Art und Weise
aufgstrahti Felder = verstreut liegende Felder
ausagschwärn = herauseitern
ausgschiebm = mit der Scheibtruhe herausgeführt
Auszügler = Altbauer mit „Auszug", Altenteil
Bamkestn = echte Kastanien
Bar = Ackerschmolle, die beim Pflügen entsteht
Bergler = auf einem Hang oder einem Bergkamm lebender Bauer; zum Unterschied vom Talbauern in der Ebene
Bittlmounn = Freier
boudnfest = stämmig
Burrer = Spielzeugkreisel der Kinder
daußt = draußen
Diastdirn = Dienstmagd
draunblejttern = hasten, hetzen (leicht nasaliert ausgesprochen)
drei' = drinnen (nasaliert ausgesprochen)
ehamol = ehemals
ehnda = früher
eingschiebm = mit der Scheibtruhe hineingeführt
Farl = Ferkel
Fürti(ch) = Schürze
Furier = Verpflegsoffizier
gfrascht = ausgefragt (fraschen = neugierig ausfragen)
gfuagn = reichen
Ghirn = Hörner beim Rind
Glaubahnl = Hebamme
gliachtenen = glühenden
Gnäd = Eile
greichsnt = quietschendes Geräusch beim Fuhrwerk (vom „Reichserl" der Kinder)

grenzt = faul ausgestreckt (renzen = faul strecken)
Griaßnigl = Grießtommerl; Grießspeise
gsatzt = aus einem Lehm-Stroh-Satz hergestellt; Satzmauer
gstad = langsam
Gstaurich = Gestrüpp
gweihnt = gewöhnt
Haartroug = Trog zum Enthaaren der Schweine bei den Hausschlachtungen
Hächer = Häher
harb = böse
Heustieger = Heuschober
Hirbi = Herberge; auch Wohnung
Hirbisbauer = Wohnungsinhaber (mit Grundstück) eines Kellerstöckels oder einer Zuhube
Hirscht = Herbst
Hoad = Heide (Ortsname)
Hobergorbm = Hafergarben
Hosliger = Spazierstock aus Haselholz
Housnbirgeln = Hosenbeine
hudln = hasten
ial = drüben
Iaxn = Achsel
Kestn = Erdäpfel
Kimmel = Kimme, Visier
Kipfe = Bestandteil des Fuhrwagens
klua' = sparsam; auch: geizig
Leikauf = Festessen nach Fertigstellung eines größeren Bauwerkes; früher auch nach Beendigung von größeren Arbeiten, z. B. nach der Heumahd, dem Kornschnitt usw. Eine weitere Bedeutung: Angeld bei Verpflichtung eines Dienstboten für ein Jahr, dann: Leibkauf
Lounknwiedn = Verbindungsstange von Vorder- und Hinterwagen beim bespannten Fuhrwerk. Sie steht hinten vor.
nali = neulich
nouch = nach
nouh = noch
Oad = Ende
Oas = Geschwür, Aß
oft = nachher, dann

olli = alle
o'trinni = abspenstig, kopfscheu
ouft = oft
Oumniwoundn = Umwend (Grundstreifen am Ackerende, wo mit dem Gespann und den Ackergeräten umgewendet wird)
Ounricht = vorbereitetes (gerichtetes) Quantum
ounschoftn = einen Schaft anbringen (z. B. Stiefelschaft)
Ounstuck = Zwischenstück zwischen Holzpantoffel und Lederschaft
Ounwochs = dichter Jungwald
paschln = schmatzend essen
Pferschi = Pfirsich
Pfluagretter = Traggestell mit zwei Rädern für den Holzgrindelpflug
Randl = eine kleine Weile
ranti = schnell
Reflkoummer = Bastelstube
Reit = Kurve, Kehre
Riam = Riemen; Ausdruck für Leitriemen bei den Pferden
rochn = rohen (ungebrannten)
Ruan = Wegrain, Grundgrenze
sa sih = es sich
sachti = behutsam
Sapl = Holzarbeitsgerät
Schani = Johann
schei' = schön (leicht nasaliert gesprochen)
Scherzl = Rest des Brotlaibes
Schölchn = schiefer Weg
selm = damals
Sölner = Landwirt, der nach altem Recht kein Bauer ist, kein Bauernrecht, keinen Mitbesitz beim Bauernsondergut hat. Heute gibt es nur noch in wenigen oststeirischen Gemeinden ein Sondergut. Der Begriff verschwindet daher immer mehr.
sticklate Leitn = steiler Hang
Stollfunzerl = Stallaterne
Stoupplruabm = Herbstrüben nach den Getreidestoppeln
Sumper = aus Stroh geflochtener Bienenkorb
toun = getan
triatschn = jammern
Triebling = Triebwerk zwischen Wasserrad und Mühlenzahnrädern

Troumbam = tragender Balken beim Dachstuhl
übermühlt = windelweich geschlagen
umigstrickt = eine Ecke der Schürze hochgenommen und in den Bund gesteckt, so daß ein faltiges Dreieck entsteht
Virbaun = Herbstackern
Werkzeugmoder = Werkzeugdieb
wohrtuan = wahrnehmen
Woogstouck = Bienenstock, der sich ständig auf einer Waage befindet
Wosn = Rasen
wülde Hitz = Fieber
Zipf und Boudn = über Felder und Gärten; querfeldein
z' tuan kemman = zustande kommen
zwei' = zwei (männlich und sächlich): zwei' Männer, zwei' Buaberln usw. (nasaliert gesprochen)
zwoa = zwei (weiblich): zwoa Weiber, zwoa Birn usw.